BEI GRIN MACHT SICH IH
WISSEN BEZAHLT

- Wir veröffentlichen Ihre Hausarbeit,
  Bachelor- und Masterarbeit

- Ihr eigenes eBook und Buch -
  weltweit in allen wichtigen Shops

- Verdienen Sie an jedem Verkauf

Jetzt bei www.GRIN.com hochladen
und kostenlos publizieren

Randy Witte

Hacker und deren Wahrnehmung im Wandel der Zeit

Über die differenzierte Verwendung des Hackerbegriffes

GRIN Verlag

Bibliografische Information der Deutschen Nationalbibliothek:

Die Deutsche Bibliothek verzeichnet diese Publikation in der Deutschen National-
bibliografie; detaillierte bibliografische Daten sind im Internet über http://dnb.d-
nb.de/ abrufbar.

Impressum:

Copyright © 2012 GRIN Verlag GmbH
Druck und Bindung: Books on Demand GmbH, Norderstedt Germany
ISBN: 978-3-656-40551-1

Dieses Buch bei GRIN:

http://www.grin.com/de/e-book/210192/hacker-und-deren-wahrnehmung-im-
wandel-der-zeit

GRIN - Your knowledge has value

Der GRIN Verlag publiziert seit 1998 wissenschaftliche Arbeiten von Studenten, Hochschullehrern und anderen Akademikern als eBook und gedrucktes Buch. Die Verlagswebsite www.grin.com ist die ideale Plattform zur Veröffentlichung von Hausarbeiten, Abschlussarbeiten, wissenschaftlichen Aufsätzen, Dissertationen und Fachbüchern.

Besuchen Sie uns im Internet:

http://www.grin.com/

http://www.facebook.com/grincom

http://www.twitter.com/grin_com

Hacker im Wandel der Zeit

Über die differenzierte Verwendung des Hackerbegriffes

Bachelorarbeit

HUMBOLDT-UNIVERSITÄT ZU BERLIN
INSTITUT FÜR INFORMATIK
INFORMATIK IN BILDUNG UND GESELLSCHAFT

eingereicht von: *Randy Witte*
eingereicht am: *23.08.2012*

Inhaltsverzeichnis

1. Einleitung...5
2. Begriffsanalyse..7
3. Begriffsverwendung 12
   3.1. Vertikale Betrachtung...13
   3.2. Horizontale Betrachtung...21
   3.3. Diagonale Betrachtung...32
4. Wer ist eigentlich kein Hacker? 37
5. Was dann noch bleibt 41

Literaturverzeichnis..48

Abstract

Was sind eigentlich Hacker? Wie haben sich Hacker im Wandel der Zeit verändert und wie werden Hacker von ihrem Umfeld wahrgenommen? Diese Fragen stehen im Fokus der vorliegenden Bachelorarbeit. Dabei geht es neben formaler Definition auch um die Untersuchungen verschiedener Zielsetzungen einzelner Gruppierungen und darum, wo sich Hacker von Computerkriminellen oder anderen Nutzern abgrenzen. Im Kern der Arbeit stehen das gesellschaftliche Bild gegenüber Hackern und der mediale Einfluss darauf. Das Ziel ist, mit dieser Arbeit eine klare Definitionsgrundlage zu schaffen, um das schwammige Bild über dieses Thema zu schärfen.

„You have to have luck, time, and knowledge. Still, there's one thing you're certain of: You can break in. It's only a computer.“

(Cheshire Catalyst)

1.Einleitung

Die vorliegende Bachelorarbeit befasst sich mit dem Thema Hacker und wird verschiedene Sichtweisen auf den Hackerbegriff beleuchten. Dabei gehe ich in horizontaler Ebene auf die verschiedenen Arten von Hackern ein, möchte aber auch gleichzeitig klar abtrennen, wer nach Definition kein Hacker ist. Auf vertikaler Ebene betrachte ich die Entwicklung der Hacker, seit ihrem ersten Auftreten vor etwa 60 Jahren und wie sich die öffentliche Meinung ihnen gegenüber angepasst hat. Das gesellschaftliche Bild in der Öffentlichkeit ist sehr verzerrt. So genau kann kaum einer sagen, was einen Hacker tatsächlich ausmacht. Was identifiziert ihn, was treibt ihn an, wo grenzt er sich ab? Natürlich gibt es viele Meinungen, die zum großen Teil durch öffentliche Medien geprägt werden. Dabei werden aber oftmals gar nicht Hacker beschrieben. Liegt es an schlechter Recherche, oder warum wird ein falsches Bild in der Öffentlichkeit gezeigt?

Für den Einstieg in das Thema möchte ich als Beispiel die Galileo Sendung „Hacker Kid" vom 06.10.2011 aufgreifen. Hier wurde ein angeblicher Hacker gezeigt, der ein Bahnticket mit falschem Namen und falscher Kreditkartennummer online bestellte. Dazu hat er aber lediglich eine Spyware genutzt, also nicht einmal selbst etwas erschaffen. So ein Programm kann sich auch der Nachbar von nebenan besorgen. Dazu gehört nicht viel Fachwissen. Aber genau das macht einen Hacker aus. Kreativität! Die Sprecherin bestätigt es noch einmal, „Man muss nicht einmal ein Computergenie sein [...] Anleitungen gibt es fix und fertig im Internet." Und auch der angebliche Hacker gibt zu, dass ihn das Programm selbst nichts gekostet hat, „da es in dem Forum, in dem ich unterwegs bin, kostenfrei angeboten wird". Bei näherem Betrachten sieht man, dass es sich bei der „bösen Spionagesoftware" nur um ein Tool zum Herumspielen handelt, mit dem man den Mauszeiger invertieren kann oder die Tastaturbelegung ändert, vorausgesetzt man hat das Programm vorher erfolgreich bei seinem Opfer installiert. Dennoch wird dieser Mann mit der Anonymous Maske als Hacker bezeichnet, was im gleichen Moment den heroischen Ansatz der eigentlichen Hacker, der Entdecker der 50er Jahre, negativ konnotiert, und die Hacker als solche in eine kriminelle Ecke drängt, vor denen man sich vorsehen sollte. Zugegeben, dieses Programm bietet Angriffsmöglichkeiten und kann Schaden anrichten. Fakt ist aber auch, dass hier kein Hacker dargestellt wird, und dieser Begriff missbraucht wird. Aufgrund ethischer Grundsätze muss man sich nicht vor „Hackern" fürchten, sondern vor Kriminellen, die Hackertechniken verwenden, um anderen zu schaden bzw. um sich zu bereichern. Natürlich sind nicht alle Hacker Heilige. Aber den Begriff zu verallgemeinern, verzerrt die Wahrheit.

Letztendlich geht es in dieser Arbeit nicht darum, Partei für Hacker zu ergreifen oder ihr Bild in der Öffentlichkeit zu beschönigen. Es soll lediglich eine begriffliche Trennung herbeigeführt werden, um eine wissenschaftliche Basis für künftige Arbeiten mit korrekter Verwendung des Hackerbegriffes zu schaffen, damit der Leser weiß, was gemeint ist, wenn von Hackern, Crackern oder Cyberkriminellen gesprochen wird.

Genaue Begrifflichkeiten sind in unserer multifunktionalen Welt immens wichtig. Gehen Sie in einen Buchladen und fragen nach „etwas für Kinder", dann kann Ihnen der Verkäufer Winnie Pooh oder ein Buch für Erstleser geben, er kann Ihnen Prinzessin Lillifee oder Power Rangers empfehlen. Vielleicht gibt er Ihnen auch einen Ratgeber zum Schwangerwerden. Um das Gewünschte zu bekommen, müssen Sie Ihre Angaben präzisieren und gegebenenfalls Alter, Geschlecht des Kindes erwähnen. Wenn Sie einen Urlaub in den Bergen buchen wollen, sind ebenfalls genauere Angaben wichtig, je nachdem, ob Sie in einem Reisebüro in Mecklenburg-Vorpommern oder bei einem Veranstalter in Oberbayern sind.

Viele Begrifflichkeiten sind mehrdeutig und jeder Mensch assoziiert Dinge anders. Oftmals werden bestimmte Assoziationen auch mit Vorsatz verbreitet. Nehmen wir den Satz „Raubkopierer sind Verbrecher", der suggerieren soll, dass man eine schwere Straftat begeht, wenn man illegal Daten kopiert. Dabei steht die Tat nicht in Relation zum Verbrechensbegriff, wobei eigentlich auch das Wort Raub falsch angewendet ist, denn von gewaltsamer Wegnahme einer Sache kann ja dabei nicht die Rede sein.[1]

Bei dem Hackerbegriff ist es ähnlich. In häufigsten Fällen reden wir über Hacker, meinen aber kriminelle Computerspezialisten. Diese Arbeit wird neben der sinngemäßen Definition eines Hackers auch die Verwendung des Begriffes in der Öffentlichkeit untersuchen.

---

[1] Vgl. http://www.handelsblatt.com/technologie/it-tk/it-internet/urheberrecht-im-netz-die-industrie-erklaert-kopierer-zu-verbrechern/6490752-5.html (Stand: 05.08.2012)

2. Begriffsanalyse

Bevor ich beginne, über die Geschichte der Hacker, deren Methoden und Auftreten zu schreiben, bevor ich auf einen Diskurs über die Verwendung des Begriffes eingehe, möchte ich zunächst auf einige offizielle und nichtoffizielle Definitionen Selbigen verweisen. Eine mögliche Veranschaulichung beschreibt den Hacker als jemanden, der „etwas gut programmieren [kann] oder die Maschine in irgendeiner Weise [beherrscht]".[2] Das trifft sowohl für die Phreaker mit ihrer Blue Box zu, die das Telefonnetz von AT&T in den 1980er Jahren aushebelten, wie auch für die Mitglieder des Homebrew Computer Club, die in einer Garage im Silicon Valley die Möglichkeiten der ersten privaten Computer, wie dem Altair 8800, ausreizten und die Computerentwicklung ein gutes Stück vorantrieben, als auch für die Cracker von Sicherheitssystemen, die sich Zugang auf nicht vorgesehenem Weg verschaffen. Vor allem kennzeichnet es diejenigen, die ein Gerät manipulieren, um es anders als gewollt zu verwenden.

Tatsächlich reicht es aber nicht aus, das Hacken auf Tüfteleien und Lösen von komplexen Aufgaben am Computer zu beschränken. Diese Eigenschaften kennzeichnen die meisten Programmierer, zumal die Tätigkeiten der Hacker ja nicht einmal auf Informations- und Telekommunikationstechnik beschränkt sind. „Spaß, Begeisterung, Obsession, Kreativität, Ärmelaufkrempeln sind Attribute, die zum Programmieren hinzutreten müssen".[3] Steven Levy brachte mit seinem Buch „Hackers: Heroes of the Computer Revolution" etwas Licht in das damalige[4] Dunkel des Hackertums und war für viele spätere Entwickler, Kolumnisten, aber auch Hacker eine häufig genutzte Quelle, wenn es um Begrifflichkeiten ging. In seiner 25-jährigen Jubiläumsausgabe schreibt er:

The term „hacker" has always been bedeviled by discussion. When I was writing this book, the term was still fairly obscure. In fact, some month before publication, my editor told me that people in Doubleday's sales force requested a title change-"Who knows what a hacker is?" they asked. Fortunatley, we stuck with the original, and by the mid-eighties the term had become rooted in the vernacular.[5]

Levy veröffentlichte sein Buch 1985. Damals war die Frage „Wer weiß, was ein Hacker ist?" gerechtfertigt. Heute ist der Begriff in der Gesellschaft gefestigt, auch wenn er teilweise sehr verzerrt dargestellt wird.

---

[2] W. Heine, Die Hacker, in Eckert et al. (Hrsg.), Auf digitalen Pfaden, Westdeutscher Verlag, 1991, S. 153.
[3] Boris Gröndahl, Hacker, Rotbuch Verlag, Hamburg, 2000, S.9.
[4] Anfang der 80er Jahren war man sich des Hackerbegriffes noch nicht so bewusst wie heute. Levy formte u.a. Begriffe wie Hackerethik.
[5] Steven Levy, Hackers, 25th anniversary edition, O'Reilly Media Inc., Sebastopol, CA, 2010, S.456.

Es findet sich eine Reihe von Beschreibungen und Definitionen. Paul Graham, der Autor der Programmiersprache Lisp, sagte einmal, dass Hacker ein System gut genug verstehen, um dafür verantwortlich zu sein, und dessen eigenen Regeln zu erstellen[6]. Das entspricht dem Ansinnen der Hacker, dass sie die Maschine beherrschen, ein Grundsatz, welcher sich bereits in den Anfängen am MIT in den 50er Jahren festigte. Im Jargon File[7], dem sogenannten „Hackers Dictionary" findet sich für den Hack an sich die Beschreibung einer Anwendung von Genialität, aber auch kreativer Schabernack. Als Beispiel nennt Phil Agre vom MIT wie Studenten, die sich die „Fendish Fourteen" nannten, 1961 ein Football Spiel hackten, indem sie die card stunts[8] manipulierten. Ein anderes Beispiel beschreibt das MIT-Harvard-Yale Footballspiel von 1982, als Studenten einen Wetterballon mit einem Staubsaugermotor plötzlich auf dem Spielfeld aufpusteten und platzen ließen.[9] Diese Beispiele zeigen einmal mehr, dass die Ursprünge der Hacker nicht bei den Computern liegen. Man kann Hacker als eine Art MacGyver[10] bezeichnen, die für jedes Problem, hauptsächlich technischer Natur, eine entsprechende Lösung finden.

Im Jargon File, findet sich folgende Auflistung zum Hackerbegriff

1. A person who enjoys exploring the details of programmable systems and how to stretch their capabilities, as opposed to most users, who prefer to learn only the minimum necessary. RFC1392, the Internet Users' Glossary, usefully amplifies this as: A person who delights in having an intimate understanding of the internal workings of a system, computers and computer networks in particular.

2. One who programs enthusiastically (even obsessively) or who enjoys programming rather than just theorizing about programming.

3. A person capable of appreciating hack value.

4. A person who is good at programming quickly.

5. An expert at a particular program, or one who frequently does work using it or on it; as in 'a Unix hacker'. (Definitions 1 through 5 are correlated, and people who fit them congregate.)

6. An expert or enthusiast of any kind. One might be an astronomy hacker, for example.

7. One who enjoys the intellectual challenge of creatively overcoming or circumventing limitations.

8. [deprecated] A malicious meddler who tries to discover sensitive information by poking around. Hence password hacker, network hacker. The correct term for this sense is cracker.

---

[6] Steven Levy, Hackers, 25th anniversary edition, O'Reilly Media Inc., Sebastopol, CA, 2010, S.474.
[7] Eric S. Raymond (Ed.), The Jargon File Version 4.4.8, http:// http://catb.org/jargon, (Stand: 23.05.2012).
[8] Card stunts, sog. Massenbilder werden erzeugt, indem Zuschauer auf nummerierten Plätzen bestimmte farbiger Bilder hochhalten, so dass sich aus den vielen Einzelbildern ein Großes ergibt.
[9] http://www.catb.org/~esr/jargon/html/meaning-of-hack.html (Stand: 23.05.2012).
[10] US-Fernsehserie von 1985-92, in welcher die Hauptfigur Angus MacGyver Aufgaben durch praktische Anwendung von Naturwissenschaften und erfinderische Nutzung von Alltagsgegenständen löst.

Eine kürzere, aber unvollständige Beschreibung findet sich in dem unter Punkt 1 angegeben RFC 1392 (bzw. 1982), einer Dokumentation über teilweise offizielle Internetstandards.

A person who delights in having an intimate understanding of the internal workings of a system, computers and computer networks in particular.[11]

Zusammenfassend kann man festlegen, dass Hacker nicht nur Ahnung und Verständnis von Systemen haben, sondern auch mit Hingabe, bis hin zur Obsession, in ihrer Aufgabe aufgehen. Aber auch das kann für normale Programmierer gelten. Das Jargon File fügt noch Schnelligkeit und Kreativität als Eigenschaft hinzu und beschreibt in Punkt 3 die Werte der Hacker, ohne sie genau zu definieren. All das könnte aber immer noch auf eine größere Menge an technikbegeisterten Personen hinweisen. Ist also jeder gute, schnelle, besessene Programmierer ein Hacker? Wo liegt der Unterschied? Etwas versteckt findet sich der Hinweis „circumventing limitations", das Überwinden von Grenzen im Jargon File. Man könnte sagen, dass dieses Stückchen, über das Normale hinausgehen, den Hacker vom Programmierer unterscheidet (beschränkt man es zunächst auf die Computerebene). Und tatsächlich ist der Abstand dazwischen nicht sehr groß. Viele gute Programmierer werden möglicherweise irgendwann zu Hackern. Und viele Hacker sind heute erfolgreiche Programmierer, weil sie es verstanden haben, Technik so einzusetzen, wie sie gebraucht wird. Die Grundsteine für heutige Personal Computer wurden im Homebrew Computer Club gelegt. Fred Moore initiierte kurz nach der Einführung des Altair 8800, eines Minicomputerbausatzes, der sich über Kippschalter und Leuchtdioden programmieren ließ, ein Treffen von Technikbegeisterten in seiner Garage, um direkten Informationsaustausch zu ermöglichen.[12] Hier fanden sich Leute wie Steve Wozniak (Apple Gründer) und Bill Gates (Microsoft), und aus den damaligen Hackern der ersten programmierbaren Maschinen wurden die neuen Millionäre des Silicon Valley und Wegbereiter in das neue Computer Zeitalter. „Die Cyberpunks weichen den Geschäftsleuten, die Phantasien dem Business".[13] Hacker und Entwickler lassen sich also nur schwer trennen, dennoch ist nicht jeder Entwickler ein Hacker. Es muss immer ein Fünkchen Neuartiges und Unentdecktes dabei sein. Nur das alleinige Anwenden von Gelerntem reicht nicht.

Über kriminelle, illegale oder destruktive Tätigkeiten wird im Jargon File nichts geschrieben, aber sie sind auch nicht direkt ausgeschlossen. Trotzdem will man sich zu Crackern abgrenzen, die sich öffentlich als Hacker bezeichnen. Im letzten Punkt des oben zitierten Jargon Files werden Cracker als böswillige Eindringlinge der Hacker-Definition hinzugefügt. Aber mit dem Zusatz „deprecated" (veraltet) differenziert sich der Autor von ihnen. Der Grund ist in der zeitlichen

---

[11] G. Malkin, Internet Users' Glossary, RFC 1983, Network Working Group, 1996, S. 22.
[12] Boris Gröndahl, Hacker, Rotbuch Verlag, Hamburg, 2000, S.56ff.
[13] Jochen Koubek, Zur Kulturgeschichte des Hackers, in LOG IN Bd.26, Heft 140, LOG IN Verlag, 2006.

Entstehung der Sammlung zu suchen. Es wurde ursprünglich von Raphael Finkel in Stanford erstellt und war eine „Sammlung des Slang technischer Kulturen".[14] Die Weiterentwicklung zog sich bis in die 80er Jahre. In dieser Zeit sah man Hacker sehr wohl als die bösen Eindringlinge, und sie erzeugten eine Paranoia vor dem Unbekannten. In zahlreichen Filmen und Romanen wurde das Hackerthema aufgegriffen. Den Akteuren wurden jedoch vorrangig manipulierende Absichten zum Missbrauch der Fähigkeiten angedichtet, bis hin zum Kontrollverlust über die Maschine. Als Beispiel möchte ich hier „Wargames" (1983 von John Badham) mit Mathew Broderick nennen, wo durch ein harmloses Spiel fast ein Weltkrieg ausgelöst wird, oder „Tron" (1982 von Steven Lisberger) mit Jeff Bridges, wo sich ein selbstdenkendes Computersystem gegen virtuelle Angreifer wehrt, oder „1984" (Roman von 1949, verfilmt u.a.1984 von Michael Radford), die düstere Zukunftsvision eines Überwachungsstaates von George Orwell. Solche und andere Filme trugen maßgeblich dazu bei, dass aus den enthusiastischen MIT-Studenten mit Hang und Verliebtheit zur Technik plötzlich machtsüchtige Alleskönner wurden. Insofern ist die Aufnahme der Cracker in die alte Hackerdefinition verständlich. Ebenso zu erklären ist auch die spätere Korrektur. Da das Jargon File von Computerliebhabern unter Leitung von Eric S. Raymond, Vertreter der Open Source Kultur, geschrieben wurde, waren diese natürlich daran interessiert, das eigene Bild gerade zu rücken und sich vor allem von Subjekten zu distanzieren, die nicht ihrer „Hackerethik"[15] entsprachen. Diese beinhaltet neben grenzenlosem Zugang zu Computern und freien Informationen auch das Misstrauen von Autoritäten, Achten von Fähigkeiten und Nutzung von Computern zur Schaffung von Schönheit und Kunst. Nach Meinung der Hacker gehörten Datenmissbrauch, Manipulation für persönliche Bereicherung oder Sabotage nicht zu ihren Werten. Das machen sie bei jeder Gelegenheit deutlich und formten daher den Begriff Cracker, nach dem Wort crack (engl. knacken, aufbrechen, einbrechen). Auf diesen Unterschied legen sie bei der Verwendung des Hackerbegriffes in der Öffentlichkeit großen Wert.

Wir haben festgestellt, dass ein Hacker jemand ist, „der Freude daran hat, Beschränkungen zu umgehen"[16]. Aber ein wichtiger Aspekt, der für den Hackerbegriff steht, ist der Austausch mit Gleichgesinnten, also der soziale Aspekt. „Hacker bilden eine Elite, für die man sich qualifizieren und innerhalb derer man sich beweisen muss. Einsame, nur für sich werkelnde Hacker sind ebenso rar wie Schriftsteller, die nicht publizieren".[17] Sie verschaffen sich untereinander

---

[14] http://de.wikipedia.org/wiki/Jargon_File (Stand: 21.05.2012).
[15] Die Hackerethik wurde von Steven Levy in seinem Buch „Hackers Heroes oft he Computer Revolution" erstmals offiziell definiert und war später Maßstab in der Szene, nicht zuletzt um sich von Leuten zu distanzieren, die nicht ihren Werten entsprachen.
[16] Roland Bickford, in Gröndahl, Hacker, Rotbuch Verlag, Hamburg, 2000, S.15.
[17] Ebd. S.16.

Anerkennung und Respekt. Unter anderem wurde mit dieser Definition Bill Gates das Recht abgesprochen, ein Hacker zu sein, obwohl er sonst eigentlich alle Kriterien erfüllt:

Was Gates von Anfang an abging, ist die soziale Komponente des Hackerdaseins. Gates hat sich nie bemüht, mit Hackern in Kontakt zu kommen, um die Stilfragen des Programmierens und des Hackerlebens haben sich weder er noch die Produkte seiner Firma je geschert.[18]

Es scheint, als wäre ein kleiner Konflikt zwischen dem Microsoft Boss und den elitären Hackern entstanden. Dieser kam nicht zuletzt durch seinen „Open letter to Hobbiest", mit dem Gates die Hacker ermahnte, dass sie seine Software nur kopieren würden, anstatt sie zu kaufen. Heute distanzieren sich dieselben Hacker ebenfalls von sogenannten Raubkopierern. Diesen Konflikt konnte übrigens Steve Jobs von Apple umgehen, indem er die Hacker von Anfang an in seinen Entwicklungsprozess mit einbezog:

Apple war in seiner Gründungsphase auch personell eng mit den Hardware-Hackern verbunden, tauschte sich mit Ihnen aus, teilte ihre Begeisterung für die Technik und schwappte auf der Welle dieser Begeisterung nach oben[19].

Aber tatsächlich können wir nur über Hacker aus der heutigen Sicht sprechen. Viel zu oft vergessen wir dabei die elitären Werte, welche Hacker Communities in den Anfangsjahren hatten. Der Hackerbegriff hat sich gewandelt, weil sich seine Medien und das Verständnis ihrer Nutzer gewandelt haben. Wir betrachten Computer nicht mehr mit den Augen, dass er eine unbekannte Gefahr darstellt, die selbständig und entgegen unseres Willen entscheidet, wie in dem Film „Wargames". Vielmehr wissen wir heute, dass auch Computerprogramme nur von Menschen entwickelt wurden. Und so oft wir sie noch um Persönlichkeit und Lernfähigkeit erweitern, sie bleiben immer noch eine Sammlung aus Befehlen und Subroutinen, die den Gesetzen der Physik gehorchen. Das Neo in der Film-Trilogie „Matrix" selbige bezwingt, zeigt einmal mehr den Willen der Hacker, die immer wieder zeigen wollen, dass der Mensch die Maschine beherrscht. Und dieses Selbstverständnis hat unsere Blickweise geändert, aber auch den Fokus auf die Gefahr durch menschliche Angreifer hinter Computern verschärft.

Um es mit Marx zu sprechen, Hacker existieren in einer sehr dialektischen Beziehung zu der politischen Ökonomie der Computertechnik. Oder, um verständlich zu bleiben, Hacker ändern sich in dem Maße, in dem sich ihr Umfeld ändert[20].

---

[18] Roland Bickford, in Gröndahl, Hacker, Rotbuch Verlag, Hamburg, 2000, S.63.
[19] Ebd. S.62.
[20] Lee Felsenstein, in Gröndahl, Hacker, Rotbuchverlag, Hamburg, 2000, S.6.

3. Begriffsverwendung

Dieses Kapitel beschäftigt sich mit der Betrachtung des Hackerbegriffs aus verschiedenen, nicht zu verallgemeinernden, Blickwinkeln. Abhängig von Zeit, Medium, Zielsetzung und Verständnis innerhalb der Gesellschaft gibt es differenzierte Sichtweisen auf Hacker. Da aber grundsätzlich versucht wird, all diese Ansätze in einen Begriff zu pressen, wird das tatsächliche Bild möglicherweise verzerrt. Um auf die mediale Verwendung bzw. Missbrauch des Hackerbegriffes einzugehen, muss ich zunächst eine grobe Trennung nach den zu hackenden Medien vornehmen.

Hardwarehacker beschäftigen sich mit den Komponenten und der Funktionsweise von Systemen. Leistung, Bedienbarkeit oder Funktionsroutinen werden verändert. Mit dieser Art von Hacks hat sich unter anderem der Homebrew Computer Club beschäftigt, als sie den Altair auf Herz und Nieren auseinander genommen haben.

Eine weitere Kultur beschäftigt sich mit dem **Hacken von Übertragungswegen**. Hierzu gehören auch die Phreaker, die in den 70er Jahren die Telefongesellschaft AT&T auf Trab gehalten haben, indem sie Methoden fanden, durch Akustikkoppler kostenlos zu telefonieren. Später wurden aus ihnen die DFÜ- und Netzwerkhacker, die Datenverkehr „sniffen"[21] und Übertragungswege manipulieren. Das Eindringen in fremde Systeme ist eine Symbiose beider Hackertypen, der Hardware- und der Datenübertragungshacker.

Als dritte Gruppe sind die **Softwarehacker** zu nennen. Diese versuchen, Passwortsperren und Kopierschutzmechanismen zu umgehen, Quellcode zu manipulieren oder Webseiten zu „defacen" (verändern). Auf die Motivation möchte ich an dieser Stelle noch nicht tiefer eingehen. Auf den ersten Blick klingt die Beschreibung nach dem, was öffentlich als Cracken verstanden wird. Aber nicht alle Softwarehacker sind kriminell. Manchen geht es vorrangig um ein wettkampfartiges Austesten der Möglichkeiten oder dem Finden von Sicherheitslücken.

Um diese Trennung zu verfeinern, führe ich die Unterscheidung auf horizontaler und vertikaler Ebene ein.[22] Diese Betrachtung macht zum einen deutlich, welche Akteure zu den Hackern gezählt werden und welche historische Fokussierung für die einzelnen Darstellungsebenen zu verwenden ist. Mit der diagonalen Betrachtung möchte ich anschließend das gesellschaftliche Bild auf die Hacker in Abhängigkeit vom sozialen Verständnis der jeweiligen Epoche erläutern.

---

[21] Ugs. Ausschnüffeln, Mitschneiden von Datenverkehr zur Auswertung mit Hilfe von Netzwerkanalysetools
[22] Vertikal meint den geschichtlichen Abriss unabhängig von der Art des Hackens, wogegen unter der horizontalen Betrachtung die verschiedenen Gruppierungen unabhängig von der historischen Einordnung zu sehen ist. Vgl. http://www.systemische-professionalitaet.de/isbweb/component/option,com_docman/ task,doc_view/ gid,507/ (Stand: 04.08.2012) .

3.1. Vertikale Betrachtung

Geht man auf die geschichtliche Entwicklung ein, kann man erkennen, dass sich das Wesen der Hacker entsprechend dem technologischen Stand und dem Verständnis der Gesellschaft zur Technik entwickelt hat. Man kann aber auch sagen, dass die Hacker genau diesen Fortschritt maßgeblich beeinflusst haben. Schließlich kommen aus ihren Reihen einige der führenden Entwickler. Ohne die technischen Spielereien, die schließlich zu den ersten Homecomputern führten, ohne die erste massentaugliche Software, die nach ersten Tests im Eigengebrauch kommerzialisiert wurde, und ohne die Bemühungen der Studenten zur Entwicklung des Internet würde möglicherweise eine IT-Landschaft, wie wir sie heute kennen, nicht existieren.

Das Hacken entstand in einer Zeit, die noch nicht von Computern geprägt war und dementsprechend hatten die ersten Hacks auch nichts mit dem Programmieren an IT-Systemen zu tun. „Die ersten Hacker waren Mathematiker, Ingenieure und Wissenschaftler und arbeiteten an Universitäten".[23] Allein deshalb muss man die Assoziation von Hackern zu Computern lösen, genauso wie man Hacker nicht kriminalisieren darf.

Boris Gröndahl sieht in seinem Buch „Hacker" die Anfänge bereits im 19. Jahrhundert. Jugendliche Telegraphisten nutzen ihr Wissen über die Technik, um sie auszureizen und teilweise auch zu missbrauchen. „Die Kombination aus Macht, technischem Wissen und effektiver Anonymität war für die Teenager unwiderstehlich"[24]. Manche sprechen sogar den alten Griechen die Idee des Hackens zu, als sie dem Mythos zu Folge im Bauch eines hölzernen Pferdes in die Stadt Troja eindrangen. Dieser Vergleich ist aber genauso weit hergeholt, wie die Behauptung der griechische Bote Pheidippides, der in zwei Tagen über 40 Kilometer nach Athen lief, um von der siegreichen Schlacht von Marathon zu berichten, sei der erste Fernmelder[25].

Die erste wirkliche Erwähnung des Hackerbegriffes findet sich in den 50er Jahren des 20. Jahrhunderts am Massachusetts Institute of Technology (MIT). Dort wurde 1946 der Tech Model Railroad Club (TMRC) gegründet, der sich auch heute noch mit dem Bau von H0-Modelleisenbahnstrecken beschäftigt. Die Untergruppe „Signals and Power Subcommittee" beteiligte sich an der Arbeit von Relais, Schaltern und Kabeln, und ein „Midnight Requisitioning Committee" umging Beschaffungsrichtlinien am Campus.[26] Einen „Hack" bezeichneten sie als eine:

---

[23] Jan Krömer/ Evrim Sen, No Copy: Die Welt der digitalen Raubkopie, Tropen Bei Klett-Cotta, 2006, S.15.
[24] Bruce Sterling, in Gröndahl, Hacker, Rotbuch Verlag, Hamburg, 2000, S.39.
[25] Häufig genutzter methodischer Einstieg bei Fernmeldeausbildungen der Bundeswehr in Feldafing.
[26] http://de.wikipedia.org/wiki/TMRC (Stand: 24.05.2012).

13

„…besonders kreative, virtuose und mit großem Engagement entwickelte Lösung für ein vertracktes elektronisches Problem. Im Unterschied zu einer geradlinigen Lösung des Problems musste in einem Hack Herzblut stecken, nicht bloß Lehrbuchwissen, es konnte komplizierter sein als notwendig, wenn es auch eleganter war" [27].

Nicht nur in der Problemlösung wurde das Wort Hack verwendet. Es war auch „ein ganz besonders gelungener Streich"[28], den Studenten der Universitätsgesellschaft in Harvard spielten. Im Vordergrund standen aber technische Raffinessen und sie arbeiteten mit einer ungeheuren Leidenschaft an neuen Ideen. Damals war Hingabe noch mehr, als man es heute bei vielen Aktivitäten sieht.

The S&P people were the ones who spent Saturdays going to Eli Heffron´s junkyard in Sommerville scrounging for parts, who would spend hours on their backs resting on little rolling chairs they calles "bunkies" to get underneath tight spots in the switching system, who would work through the night making the wholly unauthorized connection between the TMRC phone and the East Campus. Technology was their playground. [29]

Das Wort Hacker wurde in den Anfängen noch positiv konnotiert. Respektvoll wurden so Studenten genannt, die ihre gesamte Freizeit im Clubraum des TMRC verbrachten und als „Herren der Schaltungen" galten[30].

Im AI Lab, einem neuen Forschungszweig, der 1959 am Massachusetts Institute of Technology (MIT) unter Professor John McCarthy entstand, hockten Hacker „Nacht für Nacht vor den blinkenden Kontrolllampen der Konsole, ergründeten das System, begriffen seine Logik und seine Schwächen".[31] Universitäten waren vorrangige Abnehmer für Großrechner wie den IBM 704[32] oder den TX-0[33], nicht nur, weil sie das Geld und Größe dafür hatten, sondern auch, weil ihre Studenten lernten, sie zu programmieren.

Durch ihre Affinität galten die damaligen Hacker als Pioniere heutiger Computertechnik. Ihre erworbenen und ständig erweiterten Fähigkeiten machten sie zu Spezialisten. Als 1961 der erste

---

[27] Boris Gröndahl, Hacker, Rotbuch Verlag, Hamburg, 2000, S.40.
[28] Werner Heine, Die Hacker, Rowohlt TB Verlag, 1989, S.28.
[29] Steven Levy, Hackers, 25th anniversary edition, O'Reilly Media Inc., Sebastopol, CA, 2010, S.9.
[30] Werner Heine, Die Hacker, Rowohlt TB Verlag, 1989, S.29.
[31] Ebd. S.30f.
[32] 1954 hergestellter Großrechner, der Gleitkommaarithmetik beherrschte, 40.000 Befehle in der Sekunde ausführen konnte und durch seine Größe fast ein ganzes Stockwerk ausfüllte. Bis 1960 wurden 123 Geräte verkauft.
[33] Transistor Experimental Computer Zero, der erste transistorbasierte (statt mit Röhrentechnik) Computer wurde 1955 am MIT entwickelt. Er war der Vorgänger des PDP-1, des ersten Minicomputers und wurde anstatt mit Lochkarten über ein schmales Papierband programmiert. Dadurch konnten laufende Programme unmittelbar geändert werden.

PDP-1[34] an das MIT kam, erhielten sechs Studenten der Hackerelite den Auftrag, ein verbessertes Betriebssystem dafür zu schreiben, was sie in einem Bruchteil der Zeit, welche die Computerindustrie benötigt hätte, schafften. Sie stärkten damit ihren Ruf als „Herren der Computer".[35] Computersicherheit war in der Mitte des 20. Jahrhunderts noch kein wichtiger Forschungszweig, da das Hacken von Sicherheitslücken noch gar nicht thematisiert wurde. Computer wurden damals noch direkt über Lochkarten, Schalter oder Relais programmiert. Software, wie wir sie heute kennen, gab es noch nicht. Aber der Austausch von Ideen war unter den Tüftlern selbstverständlich. Nach und nach entwickelten sich unter einigen Mitgliedern des Homebrew Computer Clubs auch einige kommerzielle Ideen. Dieser Trend „sei mit den ursprünglichen Werten der Hacker nicht zu vereinbaren", dem Eintreten für „freie Software und der freie Austausch von Informationen".[36] Die Trennung von Hard- und Software wurde aber immer deutlicher. Steve Wozniak und Steve Jobs hatten 1977 Erfolg mit ihrem Apple II, welcher über 2 Millionen Mal verkauft wurde. Niemand dachte damals daran auch eine Software zu kommerzialisieren. Apple und auch IBM gaben mit den verkauften Geräten ein Betriebssystem mit.[37] Bill Gates und Paul Allen wurden deswegen mit ihrer Softwarefirma Micro-Soft belächelt. Niemand konnte verstehen, warum sich Softwareverkäufe rentieren sollten. Das wäre, wie ein „Getränk ohne Flasche verkaufen" zu wollen. Aber das erste kommerzielle Produkt von Micro-Soft sprach nicht nur erfahrene Hacker an, sondern brachte den Computer auch Leuten nahe, die technisch nicht so erfahren waren. Software sollte grundsätzlich frei (nicht kostenlos) sein, weswegen BASIC in Szenekreisen auf Verachtung stieß. Es entsprach nicht der Vorstellung der Hacker, „einen Computer vollständig und vor allem mit Vorwissen zu erforschen"[38].

Zu Beginn der 60er Jahre ging der Trend weg von den fest installierten Maschinen und hin zu den Übertragungswegen. In dieser Zeit entstand eine Gruppe, die sich Phone Freaks, kurz Phreaker nannte. Diese Subkultur gilt als Anfang der kriminellen Manipulation zur persönlichen Bevorteilung. Sie manipulierten Telefonnetze, indem analoge Signaltöne (z. B. 2600 Hz) nachgestellt wurden, um kostenlose Telefongespräche zu führen. In einer Zeit ohne Flatrates gab es eine große Nachfrage, so dass sogenannte Blue Boxes teilweise kommerzialisiert wurden. Der Szenevater der Blue Box[39], John „Cap'n Crunch" Draper bemängelte oft, dass die Kultur ihn zu einer Symbolfigur machte, was ihn vor allem der Strafverfolgung amerikanischer Behörden

---

[34] Programmed Data Processor, 1960 von der Firma DECT entwickelter Minicomputer zur simultanen Nutzung.
[35] Werner Heine, Die Hacker, Rowohlt TB Verlag, 1989, S.33.
[36] Jan Krömer/ Evrim Sen, No Copy, Tropen Verlag, 2006, S.22,23.
[37] Beim Apple II war Apple DOS integriert. Über Diskette konnte man sich Applesoft Basic installieren. IBM gab das PC-DOS bis Anfang der 80er Jahre kostenlos mit. Siehe: http://de.wikipedia.org/wiki/Apple_II, de.wikipedia.org/wiki/IBM-PC, http://de.wikipedia.org/wiki/PC_DOS (Stand: 06.06.2012).
[38] Jan Krömer/ Evrim Sen, No Copy, Tropen Verlag, 2006, S.22,25.
[39] Elektronisches Gerät, dass einen 2600 Hz Ton simuliert, um kostenlos zu Vermittlungsstellen weiterzuleiten.

aussetzte. Später wurde seine Erfindung sogar von Apple Gründer Steve Wozniak in großem Maße und ohne sein Wissen verkauft.[40] Das widersprach komplett der Idee der Ur-Phreaker, welche die Kenntnisse lediglich in Szenekreisen publizieren wollten.

Die Lust an technischen Experimenten und der Betrug an der Telefongesellschaft waren zwei verschiedene Dinge. Die Hacker-Ethik, die Rechtfertigung für die Missachtung geschlossener Türen, wurde den neuen Möglichkeiten angepasst. Sie lautete nun: Man darf überall anrufen, alles versuchen und endlos experimentieren, aber nicht um eines finanziellen Vorteils willen.[41]

Leute, die Blue Boxes bauten, um die Telefongesellschaft zu betrügen, wurden von den Hackerstudenten verachtet. Man konnte sich dagegen als guter Hacker beweisen, indem man neue Kommunikationswege herausfand und beispielsweise in der Lage war, kostenlos ein „Gespräch über das Transatlantikkabel oder Satellit zu führen oder sich über Vermittlungsstellen in Tokyo, Hongkong und Paris einmal um den Globus zu schalten."[42] Aber natürlich nur, um sich und die Möglichkeiten auszutesten. Die offizielle Haltung der Phreaker war, die Telefongesellschaft über Lücken in ihrem System aufzuklären[43]. Ihren Höhepunkt hatten die Phreaker Mitte der 70er Jahre. In der 80ern gingen sie in die DFÜ-Szene (Datenfernübertragung) über und in den 90ern entwickelten sich daraus die Netzwerk- und Telefonkartenhacker.

Dadurch, dass es viele schwarze Schafe gab, welche die Technik der Phreaker kommerziell verwerteten und somit auch Nichthacker damit ihre Vorteile nutzten, waren sie den Behörden, im Auftrag der Telefongesellschaft AT&T, ein Dorn im Auge. Die Sache eskalierte am 15.01.1990, als durch einen Systemfehler das Telefonnetz in den USA in einigen Teilen zusammenbrach. Und obwohl sie dabei keine Schuld traf, wollte man durch diesen Anlass ein Exempel an den Telefonhackern statuieren. Es folgten zahlreiche Razzien und Festnahmen. Der ganze Vorfall wurde als „Hacker Crackdown" bekannt.[44] Die Verfolgung der Phreaker hatte über eintausend Verhaftungen zur Folge. Einige Betroffene konnten sich den Behörden entziehen, indem sie andere Gruppen verrieten. Die Einschüchterung zeigte Wirkung, und die Szene nahm ab, zumal in den Vermittlungsstellen der Telefongesellschaft elektronische Spürgeräte installiert wurden, die einen Missbrauch sofort aufzeichnen konnten[45].

Ende der 80er Jahre wurde das neue Medium „Internet" immer attraktiver. Die ersten Laufversuche brachten zum Vorschein, dass viele Systeme gar nicht geschützt waren.

---

[40] Denis Moschitto/ Evrim Sen, Hackertales, Tropenverlag, 2000, Stuttgart, S. 38.
[41] Werner Heine, Die Hacker, Rowohlt TB Verlag, 1989, S.38.
[42] Boris Gröndahl, Hacker, Rotbuch Verlag, Hamburg, 2000, S.31.
[43] Werner Heine, Die Hacker, Rowohlt TB Verlag, 1989, S.48ff.
[44] Ebd, S.50.
[45] Ebd. S.52.

Als Costa sich eines Tages die Protokolle seines Wardialer anschaute, sah er, dass das Programm einen Computer ausgewählt hatte, der einen Banner mit den Worten „U.S. District Courthouse" zurückgegeben hatte. Da stand ebenfalls: „Dies ist staatliches Eigentum. ", und ihm ging durch den Kopf: „Da könnte aber mehr drin stecken." Aber wie sollte man in das System hineinkommen? [...] Die Antwort war viel zu leicht: Username: „public". Passwort: „public". Da gab es also diesen [...] „Banner", dass die Seite staatliches Eigentum sein, aber die Tür war durch keinerlei Sicherheit verriegelt[46].

In Filmen und der Presse wurden Hacker immer mehr zu den Leuten, vor denen man sich in Acht nehmen sollte. Es gründeten sich erste Vereine zur Schaffung einer Rechtsgrundlage. In Deutschland war das der Chaos Computer Club (CCC), der medienwirksam, die Öffentlichkeit an Hacks, wie dem BTX-Hack[47], beteiligte. Die Behörden waren zu dieser Zeit noch relativ überfordert mit der Situation. Der CCC wendete sich beispielsweise 1987 an den Verfassungsschutz, um auf ein Sicherheitsproblem im Betriebssystem des CERN hinzuweisen. Die Folge waren Hausdurchsuchungen bei Mitgliedern des Vereins. Pressesprecher Steffen Wernéry wurde später in Frankreich festgenommen, obwohl der CCC selbst nirgendwo eingedrungen war.

Nach und nach gewann das bewusste Eindringen in fremde Systeme an Bedeutung, wenn auch meist nur zum Austesten oder Angeben. Die Filme dieser Zeit gaben der Szene Aufschwung.

Wie nahe die Fiktion der Wirklichkeit kam, zeigte sich [...] als die US-Presse den elektronischen Einbruch in ein militärisches Rechnersystem des Pentagon meldete, begangen von Fünfzehnjährigen am Monitor Kinderzimmer. Denn in den USA ist „Hijacking" längst ein weitverbreitetes Freizeitvergnügen jugendlicher Computerfreaks.[48]

Tatsächlich entstand eine neue Szene der jüngeren Hackergeneration, die „keine einfallsreichen Programmierer mehr waren, die Hackerethik mit Füßen traten und nur in Computer eindringen wollten".[49] Gerade die mangelnde Programmierkenntnis machte sie zu sogenannten „Skriptkiddies". Dieser Begriff traf größtenteils zu, wurde aber auch teilweise abfällig von elitären Hackern gegenüber den Heranwachsenden verwendet, die nicht in ihre ideologische Vorstellung passten. Diese neue Generation, denen damit die Fähigkeit abgesprochen wurde zu programmieren, versuchten sich lediglich in ihren neuen Medien Aufmerksamkeit zu verschaffen.

---

[46] Kevin Mitnick/ William Simon, Die Kunst des Einbruchs, mitp Verlag, 2010, Hemsbach.
[47] Auch als HaSpa Hack bekannt, über das Bildschirmtext System der Deutschen Bundespost wurde auf Kosten der Hamburger Sparkasse die kostenpflichtige Seite des CCC über Stunden aufgerufen und verursachte Kosten in Höhe von 135.000 DM, die natürlich vor der Presse zurück gegeben wurden. Die Zugangsdaten konnten durch einen Fehler im System, der einen Speicherüberlauf erzeugt ausgelesen werden. Warnungen und Hinweise im Vorfeld an die Verantwortlichen der Deutschen Bundespost wurden ignoriert.
[48] Werner Heine, Die Hacker, Rowohlt TB Verlag, 1989, S.7.
[49] Boris Gröndahl, Hacker, Rotbuch Verlag, Hamburg, 2000, S.78.

Mit Demos[50], Würmern oder Cracks taten sie im Prinzip genau das, wofür auch die Hacker standen. Sie versuchten mit Hingabe und Sachverstand eine Maschine zu beherrschen. In der Öffentlichkeit wurden sie aber nicht als die Herren der Maschinen, sondern als die Manipulatoren gesehen. Gerade die Unerfahrenheit der Gesellschaft mit der Computerpionieren, gepaart mit fantasievoll ausgeschmückten Cyberfiction Movies, führte zu einer steigenden Paranoia. Leider sind diejenigen, die aus sportlichem Anreiz hacken, eher in der Minderheit. Publik werden dagegen kriminelle Verfasser von Schadprogrammen, die ihre Werke in der Welt verteilen und zusehen, welchen Schaden sie anrichteten. Mit der zunehmenden Internetnutzung Ende der 90er Jahren kamen auch viele kommerzielle Hacker, und nicht immer gehört Raffinesse zu ihren Methoden. Manchmal ist es einfach effektive Täuschung, wenn Links und Programme, die man besser nicht ausführt, auf bekannten und scheinbar sicheren Seiten getarnt werden.

PCs, deren Benutzer die Seite über den Friedensnobelpreis angeklickt hatten, waren jetzt leider, soweit sie den beliebten Firefox-Browser verwendet hatten, möglicherweise mit einer neuartigen Schadenssoftware verseucht.[51]

Die Gefahren stiegen rasant. Neben den Hackern gab es immer mehr Cracker und Crasher, die sich austesten wollten. Ganze Konzerne, Ministerien und Sicherheitsfirmen wurden gehackt. Beliebtes Ziel waren Hersteller von Antivirenprogrammen. Aber nicht nur Viren und Malware, auch Phishing Webseiten zum Ausspionieren von Passwörtern und mafiamäßig verbreitete Spams überschatteten das Medium Internet. David D. Clark, Forscher am MIT und Chefarchitekt für Internetprotokolle, stellte ernüchternd fest: „Das Internet ist kaputt. Es wurde in simpleren Zeiten konstruiert".[52] Tatsächlich dachte in den Sechzigern bei der Konstruktion des Arpanet, dem Vorläufer unseres heutigen Internets, niemand daran, dass die Nutzung irgendwann so massiv sein würde und so wurde es sehr liberal gestaltet. Der gesellschaftliche Zweck zum Austausch von persönlichen Nachrichten, Daten und Informationen war in diesem Ausmaß nicht vorgesehen. Von daher wurden auch keine Sicherheitsmechanismen eingebaut. Nun haben wir eine neue Welt, die das neue Medium aufs heftigste nutzt, und diese Welt ist extrem angreifbar. Denn bei der Datenübertragung ist es egal „ob ein Aufruf zum Sturz Nixons oder ein Waffenkommando aus dem Pentagon, ob Download eines Bombenbauplans oder neueste Informationen zu [...] Dungeons & Dragons – Datenpaket bleibt Datenpaket. Pakete wurden verschickt".[53] Damals hatte es keiner für möglich gehalten, dass sich darin einmal neue Verbrechenszweige entwickeln würden.

---

[50] Digitale Kunst mit musikalisch unterlegten Echtzeit-Animationen war in der Szene der 80er sehr verbreitet.
[51] Thomas Fischermann/ Götz Hamann, Zeitbombe Internet, Gütersloher Verlagshaus, Gütersloh, 2011, S.26
[52] Ebd. S.28
[53] Ebd. S.22

Eigentlich sollte man meinen: Es gibt jetzt genügend Warnzeichen. Irgendwer müsste anfangen, unseren Umgang mit dieser brüchigen Infrastruktur namens Internet grundsätzlich zu überdenken. Allen voran sollten die Banken das tun. Oder Microsoft. Oder Regierungen. Oder die großen Konzerne dieser Welt, gemeinsam. In Wirklichkeit passiert das Gegenteil. Die Konstruktionsprinzipien des Internet bleiben unverändert – stattdessen werden gerade noch viel, viel mehr Menschen und Dinge daran angeschlossen.[54]

Das schlimmste ist, dass die Rechtslage in vielen Bereichen noch ungeklärt ist. Als Beispiel möchte ich den Fall der New Yorker Unternehmerin Karen McCarthy nennen, die beinahe ein Insolvenzverfahren anmelden musste, nachdem ihr Firmenkonto von Unbekannten geräumt wurde. Möglich war das durch die Spionagesoftware ZeuS, die ihr Firmennetzwerk infiziert hatte. Obwohl McCarthy Vorkehrungen in Form von aktueller Sicherheitssoftware getroffen hatte, schloss die verantwortliche Bank jegliche Haftung aus.[55] Dieser Fall zeigt einmal mehr die Hilflosigkeit, der man im Schadensfall gegenüber steht.

Dementgegen steht die Machtlosigkeit der Strafverfolgung, wenn wirklich einmal jemand den Fahndern ins Netz geht. Mittlerweile hat die Politik entsprechend reagiert, aber am Anfang der Internetkriminalität waren die Taten teilweise nicht einmal strafrelevant, weil zum Beispiel laut Strafgesetzbuch Betrug und Diebstahl an handfeste Hilfsmittel gebunden sind. Von elektronischen Medien und digitalen Signaturen war vor einigen Jahren noch keine Rede.

Mit der Benutzung von Computern im Geschäftsverkehr begann auch ihr Mißbrauch, die sogenannte Computerkriminalität, die formaljuristisch oft gar keine Kriminalität ist. In der Bundesrepublik bewegt sich die Rechtsprechung in all den Fällen, in denen es zu Verurteilungen von Tätern kam, die den Computer als Tatwerkzeug für ihre Bereicherung eingesetzt hatten, immer noch in einer Grauzone am Rande der Legalität.[56]

Und genau wegen der fehlenden Rechtsprechung kam es teilweise zu nicht abschreckenden, milden Strafen. So wurde beispielsweise ein Cyberkrimineller, der sich selbst Colonel Root nennt, zu 4000 Sozialstunden verurteilt, nachdem er mehrere Firmen bis zum Konkurs hackte, indem er deren Kunden unter anderem immer wieder auf Pornoseiten lenkte. Hier verloren Menschen ihre Existenz, andere wurden arbeitslos. Den Gerichten fehlte aber eine angemessene gesetzliche Handhabe, denn leider kommen Behörden und die Politik bei dem ständigen Wandel nicht immer schnell genug hinterher.[57]

---

[54] Thomas Fischermann/ Götz Hamann, Zeitbombe Internet, Gütersloher Verlagshaus, Gütersloh, 2011, S.76
[55] http://www.esecurityplanet.com/headlines/article.php/3867101/ZeuS-Bankrupts-Marketing-Firm.htm und http://rixstep.com/2/1/20100224,00.shtml (Stand: 27.05.2012).
[56] Werner Heine, Die Hacker, Rowohlt TB Verlag, 1989, S.63
[57] Thomas Fischermann/ Götz Hamann, Zeitbombe Internet, Gütersloher Verlagshaus, Gütersloh, 2011, S.171

Manchmal werden sogar die Opfer bestraft. Firmen mussten bereits große Strafen zahlen, weil sie gehackt wurden, und aufgrund unzureichenden Schutzes vor Hackern, brisante Daten entwendet werden konnten.[58] Mittlerweile steckt organisierte Kriminalität, in zunehmendem Maße aus Osteuropa, dahinter. In einem weiteren Fall wurde ein Steuerberater angewiesen, einen höheren Geldbetrag zu zahlen, da sonst die Daten seiner Kunden veröffentlicht werden würden.[59]

Sicherheit ist heute ein wichtiges Gut. Die Welt wird immer sensibler, Daten immer größer und Übertragungswege immer dichter. Vor dem Hintergrund der zunehmenden Straftaten im Netz, soll nicht verschwiegen werden, dass es weiterhin ehrbare Hacker gibt, die sich klar von Computerkriminalität distanzieren. Viele der früheren Tüftler und Entdecker arbeiten heute sogar in Sicherheitsfirmen. Wer ist denn besser prädestiniert dafür Lücken zu schließen, als jemand, der diese Lücken erst gefunden hat? Heutige Sicherheitsexperten hatten ihre ersten Gehversuche in der Informationstechnologie selbst als Hacker begonnen. Sie kennen sich in der Materie bestens aus, und das macht sie so interessant für Firmen. Bereits bei Levy finden wir ein Zitat von Paul Graham: „Every company is looking to hire or invest in companies run by hackers".[60]

Neben den Hackern gibt es noch die Untergruppe der Cracker, die den Kopierschutz von Software oder Filme aushebeln. Dabei wird das Cracken hauptsächlich als Sport betrieben. Ziel ist es, als erstes einen Film oder ein Spiel im Netz zu haben. Der Inhalt des gekrackten Programmes ist dabei eigentlich egal. Als Vorspann ist häufig das Logo derjenigen Gruppe, die den Crack vollbracht hatte, zu sehen. Die tatsächliche Verbreitung erfolgt über Publisher, die in seltensten Fällen selbst Hacker sind. In den 90ern stieg die Anzahl an Mailboxen, über die sogenannte Warez verteilt wurden. Der Zugang war beschränkt und wurde nur Insidern gewährt, die ihrerseits Warez anboten. Heute ist das Ganze öffentlicher geworden. Die Straffreiheit mancher Länder wird sich hier zunutze gemacht. Das Internet ist global, aber die Server stehen lokal und unterstehen den jeweils nationalen Gesetzen.

Die Sicherung von Bits und Bytes ist zu einem Industriezweig geworden, der mit technischem Gerät und mathematischen Codierungsverfahren wachsenden Umsatz macht und die Computer in immer besser bewachte elektronische Burgen verwandelt. [...] Aber die Sicherheitsmaßnahmen haben ihre Grenzen dort, wo sie dem Zweck der Rechner, Mittel zur Kommunikation zu sein, zuwiderlaufen. Da ist die Lücke für Hacker, und da dringen sie ein.[61]

---

[58] z.B. Heartland Payment Service wurden Kreditkartendaten gestohlen, musste 140 Mio. $ Strafe zahlen, Vgl. Fischermann/ Hamann, Zeitbombe Internet, Gütersloher Verlagshaus, Gütersloh, 2011, S.172
[59] Thomas Fischermann/ Götz Hamann, Zeitbombe Internet, Gütersloher Verlagshaus, Gütersloh, 2011, S.170
[60] Steven Levy, Hackers, 25th anniversary edition, O'Reilly Media Inc., Sebastopol, CA, 2010, S.474
[61] Werner Heine, Die Hacker, Rowohlt TB Verlag, 1989, S.8

3.2. Horizontale Betrachtung

Nachdem ich im vorherigen Abschnitt auf die chronologische Entwicklung der Hacker eingegangen bin, versuche ich nun die Vielfalt an Hackergruppen aufzuzeigen. Man muss bedenken, dass Hacker nicht gleich Hacker ist. Außerdem hat nicht jeder, der so bezeichnet wird, auch wirklich etwas mit Hacken zu tun. Sie unterschieden sich in ihrer Motivation, Zielsetzung, ihrem Umfeld und dem verwendeten Medium. So hatte ich Hardware-, Software- und Systemhacker bereits zu Beginn des dritten Kapitels aufgegriffen. Hier möchte ich nun die einzelnen Bereiche genauer betrachten.

Akademische Hacker

Zunächst kehre ich zurück an die Universitäten, wo wir den akademischen Hacker antreffen. Anfang der 60er Jahre formte sich am MIT eine Gruppe von Hackern, die sich mit dem vernetzten Arbeiten beschäftigten, lange Zeit bevor so etwas wie das heutige Internet existierte. Sie testeten auch die Grenzen der neuen Computer aus. Auf der einen Seite wurden Rechenmaschinen entwickelt, aber die mitgelieferten Betriebssysteme waren meist unzureichend, und effektive Software war damals noch nicht so verbreitet. Hier haben vor allem Hacker, welche vorrangig Studenten und Dozenten waren, Pionierarbeit geleistet. Der Hackerbegriff war anfangs noch nicht negativ konnotiert, da es diesen Studenten vorrangig um Neuerschaffung und Verbesserung ging. Dabei ließen sie Aspekte der Computersicherheit zunächst außer Acht. An das Hacken von Sicherheitslücken war vor 50 Jahren noch nicht zu denken. Einer der bekanntesten Vertreter der akademischen Hacker ist Eric Steven Raymond, US-amerikanischer Autor und Verantwortlicher mehrerer Open Source Projekte.

Die **Open-Source Kultur** ging in den 70er Jahren aus den akademischen Hackern hervor. Ihre Forderungen nach frei zugänglicher Software und Offenlegen von Quellcode werden auch heute noch von Richard Stallmann, Präsident der Free Software Foundation und Gründer der Open Source Initiative, aufrecht erhalten. Er empfindet den „Verlust der Kontrolle von Benutzern über ihre eingesetzte Software als Einschränkung ihrer Freiheit"[62] und veröffentlichte die GNU General Public License, eine Freie-Software Lizenz.

Grundsätzlich kann man akademische Hacker definitiv als wahre Hacker bezeichnen. Sie haben den Begriff überhaupt erst geprägt. An der Stanford University wurde das Jargon File entwickelt.[63] Da sie als die ersten Hacker gelten, werden an ihren Eigenschaften auch andere

---

[62] http://de.wikipedia.org/wiki/Richard_Stallman (Stand: 12.04.2012).
[63] Erster Autor war Raphael Finkel in Stanford, auch wenn einige Begriffe auf Wurzeln in den AI Labs am MIT zurück gehen, http://de.wikipedia.org/wiki/Jargon_File

Hacker gemessen. Dazu gehören die Akribie, mit der sie an Problemlösungen gehen, der Forscherdrang, Obsession soziale Gruppierung und vor allem Kreativität. Nicht zuletzt die Entwicklung des Internet ist auf die akademischen Hacker zurück zu führen. Das 1969 im Auftrag des US-Verteidigungsministeriums entstandene Advanced Research Projects Agency Network (Arpanet) vernetzte am Anfang Universitäten und Forschungseinrichtungen in den Vereinigten Staaten.[64]

Viele akademische Hacker fand man als Mitglieder des **Homebrew Computer Club** wieder, der sich 1975 erstmals in einer Garage in Silicon Valley traf. Hier wurde über neue Entwicklungen, wie den Altair 8800, den ersten Homecomputer referiert, Schaltpläne und Programmiertricks ausgetauscht. Die ersten Rechner hatten nicht einmal einen Bildschirm oder eine Tastatur. Aber die Herausforderung für die Hacker war herauszufinden, was sich mit den Kippschaltern alles programmieren ließe. Später prominente Mitglieder waren neben Microsoft Gründer Bill Gates und den Apple Gründern Steve Wozniak und Steve Jobs auch der bekannte Phreaker John Draper, Hardwaretüftler Lee Felsenstein und Lotus Entwickler Adam Osborne. Zahlreiche Entrepreneure, die Clubmitglieder waren, sind durch visionäre Ideen reich geworden. Neuentwicklungen dieser Zeit, wie zum Beispiel der Apple-1 wurden hier erstmals vorgestellt. Ähnliche Clubs und Vereinigungen entstanden bald auf der ganzen Welt.[65]

Phreaker

Die Phone Phreaker gelten als eine Subkultur der Hacker. Ihre Entstehung liegt noch vor der Entwicklung der ersten Homecomputer. Laut Boris Gröndahl sind die Wurzeln sogar bei den Telegraphen Operatoren des 19. Jahrhundert zu finden[66], die ihr Wissen gerne dazu missbrauchten, Gespräche bewusst falsch zu verbinden oder abzubrechen, und damit deutlich machten, dass sie die Herren über die Leitungen sind. Aber so weit möchte ich in der Geschichte gar nicht zurück gehen. Das relevante Auftreten der Phreaker Szene sehe ich in den frühen 70er Jahren, auch wenn die Möglichkeit, eine Telefonverbindung durch einen 2600 Hz Pfeifton zu unterbrechen, bereits 1957 entdeckt wurde[67].

Von der Gesellschaft und den Strafverfolgungsbehörden wurde den Phone Freaks gerne nachgesagt, sie würden sich durch ihre Manipulation am Telefonsystem bereichern wollen. Die Aussage der Phreaker hingegen ist, dass der Wunsch sich Zugang zu verschaffen, nicht unbedingt

---

[64] http://de.wikipedia.org/wiki/Hacker#Die_akademische_Hackerkultur, siehe auch http://de.wikipedia.org/wiki/Internet (Stand: 30.05.2012).
[65] http://en.wikipedia.org/wiki/Homebrew_Computer_Club (Stand: 29.05.2012)., siehe auch http://www.computerhistory.org und http://de.wikipedia.org
[66] Boris Gröndahl, Hacker, Rotbuch Verlag, Hamburg, 2000, S.39
[67] http://de.wikipedia.org/wiki/Phreaking (Stand: 05.06.2012)

heißt, sich Leistungen erschleichen zu wollen. Aus diesem Grund war die Szene eher introvertiert und fühlte sich zu recht von der Publizierung ihrer Ideen bedroht. Ihnen ging es eher darum, die Möglichkeiten des Telefonnetzes auszutesten. Man kann ihnen die gleichen Motive wie den Hardware Hackern nachsagen, die im Grunde nur die Maschinen ausreizen wollten, und dadurch die technische Entwicklung voran trieben. Ebenso hackten Phreaker Telefonleitungen und Systeme, um Schwachstellen und Fehler aufzuzeigen. Denn, dass das Telefonnetz manipulierbar ist, sollte nicht im Sinne der Telefongesellschaft liegen. Die Phreaker sahen ihre Aufgabe darin, die vorhandenen „Löcher zu stopfen". Zu ihrem Leidwesen wollten die Verantwortlichen der AT&T anfänglich nichts von Lücken im System wissen, sondern gingen strafrechtlich gegen die Phreaker vor. Heute sind die Leitungen und Vermittlungsknoten derart überwacht, dass eine Manipulation unmittelbar aufgezeichnet und an die Ermittlungsbehörden übermittelt wird.

Man muss, wie bei allen Hackersubkulturen, zwischen denen unterscheiden, die tatsächlich etwas von der Technik verstehen und denen, die diese Technik nur benutzen. Der Boom der Phreaker Szene entstand, weil viele User einfach nur mit einer „Blue Box"[68] kostenlose Gespräche führen wollten oder sogenannte Geheimnummern benutzten, die aber letztendlich nur irgendeine fremde Firmennummer war, über die abgebucht wurde. Dabei handelte es sich aber nicht um Hacker.

Der Chaos Computer Club veröffentlichte 1985 in der Hackerbibel die Bauanleitung für einen Akustikkoppler zur Datenfernübertragung, genannt „Datenclo".[69] Zu dieser Zeit waren einfache Modems noch in Deutschland verboten. Wer Daten über das Netz schicken wollte, musste sich von der Bundespost ein teures Gerät mieten. Dem wollte der CCC entgegenwirken.

Die Kultur der Phreaker gibt es heute kaum noch, was nicht zuletzt auch an der Digitalisierung des Telefonnetzes und den günstigeren Gebühren liegt. Vereinzelt kommt es noch zu Vorfällen, wenn zum Beispiel Hotlines manipuliert werden, um Wartezeiten zu minimieren.

Cracker

In den Anfangszeiten kommerzieller Software war es sehr leicht, Disketten oder Kassetten zu kopieren. Es gab kaum ein Unrechtsbewusstsein bei Tätern. Nach und nach begannen Unternehmen diesem Trend entgegen zu wirken und führten den Kopierschutz ein. Aber gerade diese industriellen Schutzmechanismen förderten nun ihrerseits das sportliche Aushebeln selbiger. Es wird oft behauptet, dass der Kopierschutz erst den Schaden durch Raubkopien verursacht hat, da nun so gut wie jede Software mit einem Kopierschutz versehen wurde, und

---

[68] Eine Blue Box ist ein elektronisches Zusatzgerät, das einen 2600 Hz Ton simuliert, um Vermittlungsstellen zu täuschen und eine kostenlose Weiterleitung zu erreichen.
[69] http://de.wikipedia.org/wiki/Datenclo (Stand: 05.06.2012)

entsprechend auch so gut wie jeder Kopierschutz gecrackt und veröffentlicht wurde. Einige Produkte verbreiteten sich erst durch ihr Cracken. Andere meinen, dass Raubkopierer den Umsatz der Softwarefirmen steigern würden, da sie deren Produkte einem breiten Publikum kostenlos bekannt machen.[70] Den Crackern selbst geht es grundsätzlich nicht darum, der Industrie zu schaden. Der junge Programmierer Jon Lech Johansen musste sich vor einigen Jahren vor Gericht verantworten, weil er ein Programm schrieb, um den Kopierschutz von DVDs zu entfernen. Letztendlich tat er es aber nur, um die durch den Kopierschutz nicht auf seinem Linux System lauffähigen DVDs dennoch wie vorgesehen nutzen zu können.[71]

In fast jeder Literatur findet man eine klare Trennung von Hackern und Crackern. Die elitären Hacker versuchen, sich auf diesem Wege von den „bösen Hackern" zu distanzieren. Aber genauso wie man Hacker häufig mit Crackern gleichstellt, werden diese auch mit Crashern verwechselt. Tatsächlich kann man einige Cracker zu den ethisch korrekten Hackern zählen, denn den Knackern von Kopierschutzalgorithmen geht es meist nicht darum, die Software zu nutzen. Sie sehen es eher als sportliche Herausforderung, das Programm ohne Schutz lauffähig zu bekommen. Oft optimieren sie dabei auch den Code oder bauen neue Features ein. Sie sind also Herrscher über die Spiele, die dann als „cracked, trained and bugfixed" veröffentlicht werden.[72]

Man muss hier, wie bei anderen Gruppen unterscheiden, ob der Hacker private, soziale oder kriminelle Absichten hat. Nirgendwo ist die Grenze dazwischen so verschwommen wie bei den Crackern. Es fehlt nicht viel vom sportlichen Umgehen eines Kopierschutzes zur kommerziellen Verwertbarkeit des Cracks. Aber die Szene sichert sich fast schon paranoid nach außen ab und distanziert sich klar von Mitgliedern der Filesharing oder FXP Szene.[73]

Social Engineering

Social Engineers gehören ebenfalls zu einer Hackersubkultur, auch wenn sie auf den ersten Blick nicht dem gesellschaftlichen Bild des Hackers, dem Computereinbrecher, gleichen. Aber ich habe bereits gezeigt, dass Hacken nicht allein auf Computer beschränkt ist.

Tatsächlich ist Software Engineering eine höchst interessante Form des Hackens. Hier wird anstatt einer Maschine ein Mensch gehackt, und dieser dazu gebracht seine Geheimnisse preiszugeben. Es erfordert einiges an Einfallsreichtum und Taktik, wichtige Information zu

[70] Thomas Fischermann/ Götz Hamann, Zeitbombe Internet, Gütersloher Verlagshaus, Gütersloh, 2011, S.222f
[71] http://www.spiegel.de/netzwelt/web/0,1518,280950,00.html (Stand: 12.06.2012), siehe auch Krömer/ Sen, No Copy, Tropen Verlag, 2006, S.171
[72] Jan Krömer/ Evrim Sen, No Copy, Tropen Verlag, 2006, S.35
[73] Die FXP Szene besteht aus Mitgliedern, die grundsätzlich nicht in der Lage sind, komplexe Cracks zu erstellen. Trotzdem beanspruchen sie aber aufgrund ihrer Verbreitung von Cracks eine eigene Szene für sich. Filesharing ist noch öffentlicher. Hierzu braucht es nicht einmal einen Server. Der Austausch erfolgt direkt über die Rechner der User. Vgl. Krömer u. Sen, No Copy, Tropen Verlag, 2006, S.67ff

bekommen, die den Engineers eigentlich nicht zugänglich sein sollten. Informationen werden Stück für Stück, wie bei einem Puzzle, zusammengefügt. Oft muss man dabei nur die Augen offen halten. Menschen vergessen Passwörter, die sie deshalb aufschreiben, und die wiederum von Unbefugten gelesen werden können. So finden sich nicht selten Passwortdateien mit allen Passwörtern auf schlecht geschützten Rechnern, oder die geheimen Autorisationen werden öffentlich ausgehängt, manch einer hat sein Login Passwort sogar direkt neben seinen Bildschirm geklebt. „Es ist wie im richtigen Leben: Der Schlüssel liegt immer unter der Fußmatte."[74]

Auch wenn Firmen heute vorsichtiger mit solchen Geheimnissen geworden sind, funktioniert das Social Engineering noch immer sehr gut, vor allem bei Teilzeitkräften oder geringfügig Beschäftigten, die sich nicht mit dem Unternehmen identifizieren. Call-Center mit mäßig geschultem Personal sind eine gute Anlaufstelle für Social Engineers. Vertraulichkeit und Datenintegrität sind bei großen Unternehmen, wie Telekommunikationsdienstleistern, keine verbreiteten Sicherheitsmerkmale. Oft werden persönliche Authentifizierungen in Klartext abgespeichert und abgefragt. Und dass viele Nutzer für mehrere Systeme ein und dasselbe unsichere Passwort verwenden, macht den Social Engineers die Arbeit einfacher. Aber wer will sich schon mehrere kryptische Zeichenketten merken? Letztendlich prüft ein System "nur die Legitimation, die der Benutzer vorzeigt, nicht aber, ob der Benutzer legitimiert ist".[75] Social Engineers nutzen die größte aller Sicherheitslücken - den Menschen. Entweder das Opfer selbst oder Leute aus dessen Umfeld öffnen ihm unbewusst Tür und Tor.

Politisch motivierte Aktivisten

Durch medienwirksame Aktionen politischen Druck auszuüben, funktioniert seit dem Internetzeitalter noch besser als davor. Politisch motivierte Hacker sind spezielle Gruppierungen, die auf soziale, politische und ethische Missstände oder Forderungen in der Computerwelt hinweisen. Die Open-Source Kultur, mit ihrer Ideologie von frei zugänglicher Software, kann man zweifelsfrei als eine solche Gruppierung nennen. Auch die Yippies[76] kann man in ihrem Kampf gegen die mächtige AT&T als politisch motiviert bezeichnen. Grundsätzlich findet man hier alle Hackergruppen, ob Systemhacker, Social Engineers oder Cracker. Diese spezielle Kultur grenzt sich lediglich durch ihre Motivation ab, versucht aber die ethischen Grundsätze der Hacker, die Steven Levy in seinem Buch Hacker verankerte, und die heute noch als Leitlinie für korrektes Verhalten bei Aktionen gelten, einzuhalten.

---

[74] Werner Heine, Die Hacker, Rowohlt TB Verlag, 1989, S.116
[75] Ebd. S.116
[76] Anhänger der Youth International Partyline, einer anerkannten Phreakerszene, die auch ein eigenes Magazin heraus brachten (YIP, später TAP).

Behind the inventiveness, I discovered something even more marvelous-real hackers [...] shared a set of values that turned out to be a credo for the information age. I attempted to codify this unspoken code into a series of principles I called The Hacker Ethic. I hoped that these ideas-particularly the hacker belief that "Information Should Be Free"-would make people view hackers in a different light.[77]

Der Chaos Computer Clubb (CCC), der seit den 80er Jahren von sich reden macht und durch den BTX Hack[78] oder den Nasa Hack[79] das Interesse der Medien auf sich zog, fügte noch hinzu:

Mülle nicht in den Daten anderer Leute.
Öffentliche Daten nützen, private Daten schützen.[80]

Nicht alle halten sich daran. Und nicht immer sind die Ziele von politischen Aktivisten nobel. Nachdem die Betreiber der Video-Download Seite kino.to 2011 verhaftet wurden, starteten Hacker einen DoS Angriff auf die Gesellschaft zur Verfolgung von Urheberrechtsverletzung (GUV), legten deren Webseite lahm und defacten den Sperrvermerk der Polizei.[81]

Das Internet, als eines der Medien von politisch motivierten Aktivisten, ist allerdings kein rechtsfreier Raum[82], und einige Aktion mit heroischen Ansätzen gehen durchaus in eine kriminelle Ecke. 2011 haben Hacker beispielsweise Luftverschmutzungsrechte gestohlen, um die Ausbeutung der Dritten Welt anzuprangern und damit einen Schaden von über 50 Millionen Euro verursacht[83]. Häufig kämpfen Aktivisten auch für bürgerliche Freiheit im Internet, wenn es zum Beispiel um Datenschutz geht, und erzeugen damit ein Paradoxon. „Hacker, die doch alles daran geben, an Daten heranzukommen, die ihnen vorenthalten werden, engagieren sich ausgerechnet dafür, Daten vor unbefugtem Zugriff zu schützen".[84]

Es ist Ironie, dass der „Gott des Internets", Jon Postel[85] selbst als Hacker in Aktion trat. Am 28.01.1998 drückte er seinen Protest über die staatliche Einmischung bei der Verwaltung der DNS Server und Vergabe von Domins aus und leitete 8 der 12 Root Nameserver um.

---

[77] Steven Levy, Hackers, 25th anniversary edition, O'Reilly Media Inc., Sebastopol, CA, 2010, S.464
[78] Siehe Erklärung in Kap. 4.2
[79] Niederländische Hacker entdeckten Sicherheitslücken im Server des Kernforschungszentrum CERN und wendeten sich an den CCC, der die Fehler dem Verfassungsschutz meldete. Im Zuge dessen gab es zahlreiche Hausdurchsuchungen durch Ermittlungsbehörden. Vgl. Interview mit Stefan Wernéry in der Dokumentation Hacker, von Alex Biedermann, 2011
[80] http://ccc.de/hackerethics (Stand: 07.06.2012)
[81] http://meedia.de/internet/kinoto-hacker-raechen-sich-an-behoerde/2011/06/09.html, http://www.chip.de/news/Kino.to-Hacker-uebernehmen-die-Domain_55947931.html (Stand 19.06.2012).
[82] http://www.spiegel.de/netzwelt/web/phrasen-kritik-das-internet-ist-kein-rechtsfreier-raum-a-632277.html (Stand: 29.07.2012)
[83] Thomas Fischermann/ Götz Hamann, Zeitbombe Internet, Gütersloher Verlagshaus, Gütersloh, 2011, S.14
[84] Boris Gröndahl, Hacker, Rotbuch Verlag, Hamburg, 2000, S.20
[85] http://en.wikipedia.org/wiki/Jon_Postel (Stand: 28.04.2012).

Für ein paar Stunden leitete er einen riesigen Teil des weltweiten Telefonbuches über „seine eigenen"
Computer an der University in Southern California um. Er richtete nichts Schlimmes an. Er warf
niemanden raus, veränderte keine Daten. Es war eine reine Machtdemonstration.[86]

Political Hacker gibt es weltweit, teilweise kommen sie aber aus verschiedenen politischen
Lagern. In den USA sind es marktliberale Gruppen, die gegen antistaatliche Rechte kämpfen. In
Deutschland und den Niederlande sind sie eher in der linksautonomen Szene anzutreffen.
Aktionen gehen gegen Kinderpornografie, radikale Schriften oder Zensur. Webseiten werden
gehackt, gesperrt, umgeleitet oder optisch verändert, um die Betreiber bewusst zu schädigen.

Interessanterweise findet man immer öfter Fürsprecher von „Hacktivisten" in der Politik, die sich
auch gerne von ihnen beraten lassen. Kürzlich trat der demokratische US-Abgeordnete Hank
Johnson vor den Kongress und prangerte einen Gesetzentwurf zum Schutz vor Cyberattacken
an, „Ich weiß, wir haben das Jahr 2012, aber es fühlt sich viel mehr an wie 1984".[87] Der Vergleich
mit George Orwells Roman ist nicht weit hergeholt. Tatsächlich erlaubt der Gesetzentwurf der
Regierung, Geheiminformationen mit Privatfirmen zu teilen, um diese vor Angriffen zu schützen.
Umgekehrt soll der Onlinesektor aber auch persönliche Daten von Nutzern an Behörden geben
dürfen. Politiker stellen sich immer häufiger auf die Seite der Politisch motivierten Hacker. Die
Piratenpartei möchte dadurch eine politische Alternative darstellen. Aber gerade Politiker werden
Opfer von Aktivisten. 2008 veröffentlichte der CCC einen angeblichen Fingerabdruck des
damaligen Bundesinnenministers Wolfgang Schäuble, um der Verwendung biometrischer Daten
entgegenzutreten.[88] In den USA hackten Unbekannte die Webseiten von 50 Abgeordneten und
protestierten gegen den politischen Kurs von Präsident Barack Obama.[89]

Hacken für die Sicherheit

Securityhacker dürften eigentlich nicht zu den Hackern gezählt werden, da ihnen häufig die
Leidenschaft, die ein Hacker mitbringen muss, fehlt. Sie setzen Gelerntes um, wobei sie zwar mit
Kreativität und List vorgehen, letztendlich ist es aber nur ein Job. Ähnlich wie die politischen
Hacker sind sie auf der Suche nach Lücken und Fehlern im System. Das Buch „Zeitbombe
Internet" von Thomas Fischermann und Götz Hamann beginnt mit einer Vorstellung von Götz
Schartner, Datenschutzbeauftragter der Firma 8com[90]. Er wird „Hacker im Dienste der
Industrie" genannt und demonstriert, wie man den Smartphones der anwesenden Zuschauer

---

[86] Thomas Fischermann/ Götz Hamann, Zeitbombe Internet, Gütersloher Verlagshaus, Gütersloh, 2011, S.25
[87] Tagesschau vom 27.4.2012
[88] http://www.ccc.de/updates/2008/schaubles-finger (Stand: 03.06.2012)
[89] http://www.webwork-magazin.net/webseiten-von-fast-50-us-abgeordneten-gehackt/1909
(Stand: 01.05.2012).
[90] http://www.8com.de/datenschutz.html (Stand: 07.06.2012).

Details entlockt oder ein Blackberry als Wanze benutzt.[91] Solche Vorträge haben zum Ziel, die Zuschauer zu sensibilisieren, denn nach wie vor ist der Mensch das größte Sicherheitsrisiko.

Firmen beschäftigen immer öfter ehemalige oder aktive Hacker, da diese die Schwachstellen am besten kennen. Dadurch besteht aber auch die Gefahr von Missbrauch und der „Hilfsbuchhalter mit Programmiererfahrung" gilt nun als potentiell gefährlich und muss kontrolliert werden.[92]

> *„Eine Bank wird etwa an den Computer, den sie kauft, den Anspruch stellen, dass alle Operationen [...] kontrollierbar sein müssen. [...] In Großunternehmen mit vielen Programmierern wird darauf geachtet, daß der Abteilungsleiter überwachen kann, ob die Angestellten sich auch nur mit den Arbeitsprogrammen beschäftigt haben, die auf dem Dienstplan standen."[93]*

Das führt zu einem Widerspruch. Zum einen will man sich gegen Angriffe von außen schützen. Andererseits jedoch misstraut man (teilweise zu Recht) den eigenen Fachkräften, die „elektronisch wildern".[94] Die Infrastruktur großer Firmen bietet genug Angriffsmöglichkeiten. Zu viele Sicherheitsmechanismen bedeuten gleichzeitig zu viele Sicherheitsrisiken.

> *Ein großes Software-System ist wie ein verwunschenes Schloß: was auf den ersten Blick übersichtlich und wohlgeordnet wirkt, hat viele geheime Gänge, rätselhafte Türen, verbotene Räume. Ein illegaler Besucher findet ohne weiteres Wege, etwas herein- oder herauszuschmuggeln oder auch, von anderen unbemerkt, dort aufzubewahren.[95]*

Letztes Jahr gelang es Hackern von dem Unternehmen Sony, Millionen von Kreditkartedaten zu stehlen. Und während Sony mitteilte, es sei ein „technisch extrem vorbereiteter Angriff", erklärten Hacker, dass der Angriff durch das „Unterlassen von Sicherheitsvorkehrungen" möglich war.[96] Sony Chef Howard Stringer sah die getroffenen Sicherheitsmaßnahmen dennoch als ausreichend und bemerkte lediglich, dass wohl niemand mehr im Internet sicher sei.[97] Unternehmen, wie Google, Twitter, Facebook sehen sich immer wieder mit Hackerangriffen konfrontiert.[98] Jede größere Firma beschäftigt eine eigene IT-Sicherheitsabteilung, die vor Angriffen von außen schützen soll. Auch die Bundeswehr bildet ihre Administratoren in der Führungsunterstützungsschule in Feldafing darin aus, in Systeme einzudringen. Die Soldaten

---

[91]Thomas Fischermann/ Götz Hamann, Zeitbombe Internet, Gütersloher Verlagshaus, Gütersloh, 2011, S.9f
[92] Werner Heine, Die Hacker, Rowohlt TB Verlag, 1989, S.111
[93] Ebd. S.114
[94] Ebd. S.107
[95] Ebd. S.105
[96] Thomas Fischermann/ Götz Hamann, Zeitbombe Internet, Gütersloher Verlagshaus, Gütersloh, 2011, S.171
[97] http://www.playm.de/2011/05/sony-chef-howard-stringer-es-ist-wohl-niemand-wirklich-sicher-4083/ (Stand: 08.06.2012)
[98] http://www.blauenarzisse.de/index.php/aktuelles/2050-sicherheitsluecken-und-vertroedelte-arbeitszeiten-unternehmen-machen-gegen-facebook-twitter-und-studivz-mobil (Stand: 20.05.2012)

lernen Datenverkehr zu sniffen und auszulesen oder Angriffsmöglichkeiten im Netzwerk und Betriebssystem auszunutzen. Wer weiß, wie Angreifer vorgehen, kann sich auch besser vor ihnen schützen.[99] Auch wenn die Angreifer immer nach neuen Schlupflöchern suchen, können bei den späteren Systemadministratoren durch diese Ausbildung Standardfehler eingegrenzt werden. Die Schilderung des WANK-Worms[100] bei der US-Weltraumbehörde NASA zeigte die Hilf- und vor allem Ahnungslosigkeit mancher Operatoren bei einem Zwischenfall. Der „Worm Against Nuklear Killer" gehört zu den aufregendsten Cyberattacken[101], und bis heute hat sich kein Täter dazu bekannt. Die betroffenen Systeme zeigten auf dem Bildschirm die Information „Your System has been officially WANKED", während der Wurm sich selbst reproduzierte und zu immer neuen Formen mutierte. Dieser Fall ist für dieses Kapitel interessant, weil die meisten der System Operatoren ihre Systeme sehr unsicher führten. Der Wurm nutzte werkseitig eingerichtete Nutzerkonten, die volle Zugriffsrechte hatten, aber nicht passwortgeschützt waren, wie zum Beispiel SYSTEM. Das waren offene Ziele. Manche Nutzer führten als Passwort einfach den Kontonamen und machten es dem Wurm natürlich leicht einzudringen. Dabei richtete er selbst keinen Schaden an und gaukelte dem Benutzer nur vor, ihre Daten zu löschen. Die Folge war, dass manch ein Systembetreuer aus Paranoia sein System selbst zerstörte, und es war „unmöglich abzuschätzen, wie viel zusätzlichen Schaden die Administratoren aufgrund der Wurmbedrohung bei ihren eigenen Systemen anrichten würden".[102] Mittlerweile sind System Operatoren aufgrund solcher und anderer Ereignisse sensibilisiert worden. Kaum ein Admin lässt heute noch unbeschränkte Konten zu. Die Mitarbeiter werden in Datenschutz geschult. Aber wirklich sicher ist kein System. Das hat auch der Hacker Cheshire Catalyst für sich erkannt:

Es ist wahr, dass Du nur durch Herumhacken das Schlupfloch finden kannst, das dich in einen Computer oder in ein Netz bringt. Du brauchst Glück, Zeit und Kenntnisse. Da ist aber etwas, dessen Du sicher sein darfst: Du kannst ihn knacken. Es ist nur ein Computer.[103]

Auftragshacker

Hatte ich im vorherigen Abschnitt noch von defensiven Maßnahmen bei der Bundeswehr gegen Hacker gesprochen, darf aber auch nicht verschwiegen werden, dass die deutsche Armee, wie auch andere, Soldaten ausbildet, offensiv mit Computern gegen Feinde vorzugehen.[104]

---

[99] http://www.fuehrungsunterstuetzungsschule.bundeswehr.de/portal/a/fueustgsbw (Stand: 08.06.2012), Vgl. Kompetenzen der Informationsverarbeiter, siehe auch http://www.karriere.de/beruf/wo-hacker-ihr-unheimliches-handwerk-lernen-163868/ (Stand: 30.07.2012).
[100] Suelette Dreyfuss, Underground, Haffmans & Tolkemitt, 2011, Berlin
[101] http://www.zehn.de/wank-wurm-341609-1 (Stand: 08.06.2012).
[102] Suelette Dreyfuss, Underground, Haffmans & Tolkemitt, 2011, Berlin, S.65
[103] Werner Heine, Die Hacker, Rowohlt TB Verlag, 1989, S.58f
[104] http://www.tagesschau.de/inland/cyberkrieger100.html (Stand: 08.06.2012)

Der Computer ist heute zu einer mächtigen grenzübergreifenden Waffe geworden. Gegner lassen sich damit lähmen, täuschen oder ausspionieren. Es gibt Bereiche, die ohne Informationstechnologie nicht mehr funktionieren, der Schaden kann immens sein. Deswegen bereitet man sich nicht nur in Deutschland auf digitale Angriffe vor. Die New York Times schrieb in der Mai Ausgabe 2001 vom „First World Hacker War", nachdem sich chinesische und amerikanische Hacker gegenseitig bekämpften, angefangen mit dem Defacen[105] von Regierungswebseiten bis zur massiven Attacke durch Zombie Rechner.[106] Auch andere länderübergreifende Konflikte werden mit Computern ausgetragen, zum Beispiel zwischen israelischen und palästinensischen Hackern. Man kann sagen, je fortschrittlicher ein Land ist, desto angreifbarer ist es. Zahlreiche Einheiten sind heute auf Vernetzung angewiesen, von der Kommunikation, über GPS-Systeme bis hin zu Versorgungswegen. Ein Ausfall des Internet könnte ganze Streitkräfte kampfunfähig machen[107]. Man könnte fast behaupten, dass in einem Cyberwar technisch rückständige Länder im Vorteil sind, „weil technisch fortschrittlichere Länder auf viel zu wackligen Beinen stehen".[108]

Der Krieg wird auf einer ganz neuen Ebene ausgetragen, denn „jeder mit einem 200 Dollar Laptop" kann als potentieller Gegner im Cyberwar auftreten.[109] Manche Regierungen bieten Hackern Kooperation statt Strafverfolgung an, um sie „in geordnete Bahnen zu lenken"[110]. Sicherheitsexperte Jeffrey Carr sieht Verbindungen zwischen Politik und organisierter Kriminalität, vor allem in Osteuropa:

> *„Die russische Regierung sponsert und bezahlt Anführer von russischen Jugendorganisationen, damit sie Informations-Operationen bis hin zum Hacken führen, um Oppositionsgruppen zum Schweigen zu bringen oder zu unterdrücken. [...] Viele der Hacker, die an den Cyberattacken auf Georgien oder im Gazastreifen teilnahmen, sind auch in Cyberverbrechen involviert. Das ist sozusagen ihr Tagesgeschäft."[111]*

Man muss aber gar nicht global denken. Auch Firmen ohne politische Motivation hacken und werden gehackt. „Das Internet macht jeden effizienter. Vielleicht sogar die Verbrecher"[112].

---

[105] Verändern des Erscheinungsbildes einer Webseite, durch Cross-Site Scripting
[106] http://www.nytimes.com/2001/05/13/weekinreview/may-6-12-the-first-world-hacker-war.html (Stand: 08.06.2012).
[107] Thomas Fischermann/ Götz Hamann, Zeitbombe Internet, Gütersloher Verlagshaus, Gütersloh, 2011, S.181
[108] Ebd. S.183
[109] Ebd. S.181
[110] Ebd. S.198
[111] Jeffrey Carr in: Fischermann/ Hamann, Zeitbombe Internet, Gütersloh, 2011, S.199
[112] Thomas Fischermann/ Götz Hamann, Zeitbombe Internet, Gütersloher Verlagshaus, Gütersloh, 2011, S.28

Im digitalen Untergrund herrscht gute Laune. Erpresser drohen inzwischen damit, Produktionsstraßen und Stromnetze aus der Ferne abzuschalten oder Großunfälle auszulösen. [...] Hacker könnten [...] Kraftwerke infiltrieren, Krankenhäuser lahmlegen, Flugzeuge abstürzen lassen – überlebenswichtige Technik, sagen Experten, müsse dringend wieder vom Netz.[113]

Die Frankfurter Allgemeine Zeitung titelte am 22.09.2010 „Der digitale Erstschlag ist erfolgt".[114] Gemeint war hier die Verbreitung von Stuxnet, einem Computerwurm, der Programme zur Anlagensteuerung und Überwachung lahmlegte. Möglich war die Infizierung, nicht zuletzt, durch die Sicherheitsmängel im SCADA-System.[115]

„In diesen SCADA-Systemen gibt es so viele bekannte Lücken mit so vielen funktionierenden Angriffstechniken, dass ein Hacker gar nicht viel Forschung betreiben muss, um nach neuen Lücken zu suchen".[116]

Cyberkriminalität ist aber nicht nur Datenklau und das Versenden von Maleware. Spammer begehen wissentlich Straftaten, sind jedoch schwer zur Verantwortung zu ziehen. Sie sind grundsätzlich keine Hacker, aber mittlerweile haben ihnen einige Hacker den Kampf angesagt, indem sie deren System lahmlegen. Teilweise arbeiten aber auch Spammer und Anti-Spammer Hand in Hand. Für die Industrie sind sie „ein ökonomischer Anreiz", da man dadurch Software besser verkaufen kann, welche die Systeme schützen.[117] Eine israelische Sicherheitsfirma namens Blue Security bediente sich einer, meines Erachtens, fragwürdigen Methode und spammte die Spammer ihrer Kunden selbst zu. Die gaben sich schließlich geschlagen, verschonten aber nur die Kunden der Blue Security.[118] Ein russischer Spammer namens Pharma Master zwang Blue Security schließlich in die Knie, und zeigte die Macht der Internetmafia.[119] „Cyberverbrechen ist Big Business geworden: Professionell organisiert, mit gewaltigen Finanzmitteln ausgestattet und mit einigen der besten Hacker der Welt besetzt".[120] Die Forschung versucht seit Jahren den Kriminellen auf die Spur zu kommen. Professor Felix Freiling von der Universität Mannheim betreibt einen sogenannten Honey Pot, der die Spuren abgelegter Viren verfolgt.[121]

---

[113] Thomas Fischermann/ Götz Hamann, Zeitbombe Internet, Gütersloher Verlagshaus, Gütersloh, 2011, S.28
[114] http://www.faz.net/aktuell/feuilleton/debatten/digitales-denken/trojaner-stuxnet-der-digitale-erstschlag-ist-erfolgt-1578889.html (Stand: 08.06.2012).
[115] Supervisory Control and Data Acquisition, Überwachen und Steuern technischer Prozesse mittels eines Computersystems, http://de.wikipedia.org/wiki/Supervisory_Control_and_Data_Acquisition (Stand: 08.06.2012).
[116] Jonathan Pollet von der Sicherheitsfirma Red Tiger Security in: Thomas Fischermann/ Götz Hamann, Zeitbombe Internet, Gütersloher Verlagshaus, Gütersloh, 2011, S.89f
[117] Ebd. S.50
[118] Ebd. S.56f
[119] http://www.heise.de/tp/artikel/22/22711/1.html (Stand: 28.04.2012).
[120] Thomas Fischermann/ Götz Hamann, Zeitbombe Internet, Gütersloher Verlagshaus, Gütersloh, 2011, S.60ff
[121] Privatrechner stehen unter der Kontrolle von Hackern, die von diesem Rechner aus Schadsoftware woanders installieren. Der Eigentümer des Rechnes, weiß meist gar nichts davon, sein PC ist ein sogenannter Zombie

3.3. Diagonale Betrachtung

Nach der horizontalen und vertikalen Betrachtung, möchte ich nun den Bogen auf den Blick der Gesellschaft auf verschiedene Hackerebenen spannen. Wie schon mehrfach erwähnt, wird der Hackerbegriff heute oft verwendet, ohne dass es sich um klassische Hacker handelt. In meiner Einleitung habe ich die Galileo Sendung „Hacker Kid" erwähnt. Die im zweiten Kapitel erstellte Begriffsdefinition zeigt aber, dass es sich hierbei weder um eine konstruktiv tätige Person handelt, noch ein sozialer Aspekt greift. Der angebliche Hacker mit der Anonymous Maske rühmt sich, wie leicht es ist, anderen Leuten Schaden zuzufügen und widerspricht damit der Hackerethik. Warum wird er dann in einer „wissenschaftlichen" Sendung als Hacker bezeichnet? Jochen Koubek, Professor für Digitale Medien an der Universität Bayreuth und früher wissenschaftlicher Assistent in der Arbeitsgruppe „Informatik und Gesellschaft" an der Humboldt Universität Berlin, schrieb in einer Arbeit „Zur Kulturgeschichte des Hackers":

> *Geprägt wird dieses Bild – wer kennt schon einen richtigen Hacker? – von den Zeitungsartikeln und Reportagen, von Kino- und Fernsehfilmen, von Romanen und Kurzgeschichten, die bestimmte Typen und Merkmale einer Szene hervorheben und zu Charakteren verdichten, um vom Publikum im Anschluss mit der ganzen Szene identifiziert zu werden.*

Tatsächlich sind Hacker heute in Filmen nicht mehr wegzudenken. Wenn sie nicht als glorifizierter Protagonist in Erscheinung treten, findet man sie zumindest als komische Nebenrolle. Beispiele dafür gibt es viele. Nehmen wir den Charakter Lyle in „The Italian Job", der sich in die Verkehrsüberwachung hackt oder Matthew Farrell in Stirb langsam 4.0, der mit dem Antagonisten Thomas Gabriel um die Wette hackt oder Zane Donovan in der Serie „Eureka", der unter anderem die New Yorker Börse zum Absturz brachte. Sie alle stellen in Nebenrollen Hacker dar, die oft zur kreativen Lösung beitragen. Mein Lieblingsbeispiel für den Überlegenheitsmythos findet sich in dem Film „The Core – Der innere Kern". Auch diesem Rettungsteam ist, neben einigen der besten Wissenschaftlern, ein Hacker zugeteilt. „Rat", wie der Szenename der Figur lautet, führt im Laufe des Films folgenden Dialog:

> *"Wie viele Sprachen sprechen Sie?"*
> *"Fünf... um genau zu sein."*
> *"Ich spreche nur eine 1 0 1 0 0 ... Damit kann ich Ihr Geld stehlen, Ihre Geheimnisse, Ihre Sexualfantasien, Ihr ganzes Leben. In jedem Land, überall, wann immer ich will. Wir multitasken so wie Sie atmen... Und wenn ich mir Mühe gebe, könnte ich so langsam denken wie Sie!"*

Längst mussten die „Old-School-Hacker"[122] wie Rob ert   Redford   und   Ben   Kingsley   in „Sneakers", Gene Hackman in „Staatsfeind Nummer 1", oder Ben Affleck in „Paycheck" den jugendlichen Rebellen weichen. Hinzu treten die Cyberpunks[123], die sich als einsame Ritter der Macht und Skrupellosigkeit übermächtiger Konzerne und Regierungen entgegenstellen.

Die Realität, die Machbarkeit dargestellter Hacks, wirkt aus heutiger Sicht teilweise lächerlich, wenn gigantische Datenmengen auf eine Diskette passen, die dann auch noch per Post anstatt über das Internet (ironischerweise in einem Film, der „Das Netz" heißt) versendet wird[124], oder Keanu Reeves in „Vernetzt" gar als gigantischer USB-Stick durch den Film marschiert. Daten sind immer nur unmittelbar vorhanden, teilweise gibt es keine Sicherheitskopien. Mit wenigen unsichtbaren   Befehlen   auf   der   Tastatur   werden   unzählige   Popups   geöffnet, Sicherheitsmechanismen in einer Art Spiel zerstört oder man durchsucht Datenbanken per Hand in einer virtuellen Realität[125]. Am anderen Ende ist häufig ein Administrator, der jeden Tastaturanschlag des Gegners mitbekommt und seinerseits mit unsichtbaren Befehlen zurück hackt. Nach wenigen Sekunden stehen dann auch schon Sicherheitskräfte vor der Tür, um den Protagonisten weiter unter Druck zu setzen. In den 80ern und frühen 90ern konnten solche Szenen die Leute noch tatsächlich beeindrucken. Das Internet war für viele Menschen ein Mythos. Computer gehörten nicht in den Privathaushalt und Hacker waren die Herrscher dieser Medien. Man musste als Zuschauer nicht verstehen, was der Hacker tut. Der Regisseur machte sich das zu nutzte, und aus dem Hack wurde eine Show. Dadurch hielt sich der Mythos, dass Hacker tatsächlich mit wenigen Klicks und Befehlen alles vollbringen können. Wenn das Drehbuch es verlangte, gelang dem Helden alles. Aktuelle Filme wirken aus heutiger Sicht realistischer. Die Leute hinterfragen sogar unsinnige Szenen, und Regisseure achten häufiger darauf, echte Befehle und vielleicht sogar echte Hacks in Darstellungen zu verwenden. Dennoch boten die früher teilweise unmöglichen Szenen und Fähigkeiten der dargestellten Fantasiehacker Anreiz für künftige realistische Projekte in der Forschung und Entwicklung. Die „Wünsche und Ideale vieler Hacker und Cracker", das Bild des Übercrackers, „der als ausgleichende Gerechtigkeit zu seinem sozialen Randleben die Schaltzentrale der Gesellschaft manipulieren und zur Not ihren Zentralstecker ziehen kann",[126] manifestierten sich in der Realität.

---

[122] Jochen Koubek, Zur Kulturgeschichte des Hackers, in LOG IN Bd.26, Heft 140, LOG IN Verlag, 2006
[123] Der Begriff Cyberpunk wurde von William Gibson in dessen Roman Neuromancer verwendet und bezeichnet die Protagonisten in einem eher düsteren Science Fiction Genre.
[124] „Das Netz" mit Sandra Bullock
[125] „Enthüllungen" mit Michael Douglas
[126] Jochen Koubek, Zur Kulturgeschichte des Hackers, in LOG IN Bd.26, Heft 140, LOG IN Verlag, 2006

Neben diesen mystischen Überhackern gibt es aber auch ein anderes Genre, welches Hacken als Selbstverständnis voraussetzt. In der Welt von Gene Roddenberry[127] ist alles möglich. Wenn ein Captain Kirk dem Chefingenieur Scott befohlen hatte, etwas Unmögliches zu tun, dann hat er es getan. In späteren Serien des Star Trek Universums gab es keine Probleme mehr mit Datenschutz oder Computerkriminalität. Jeder Ingenieur konnte jede Sperre umgehen, so dass man sich fragte, warum es dann überhaupt noch Sicherheitsmechanismen gab. Aber obwohl auch hier die Computeringenieure von allem Ahnung hatten, wirkten sie nicht mystisch, sondern erzeugten eine Art Selbstverständnis. Und im Laufe der Zeit haben wir gelernt, dieses Selbstverständnis zu adaptieren. Es gibt nun einmal Leute, die am Computer Dinge tun, die nicht jeder versteht.

Nicht nur in Filmen war das Hackerthema präsent. „Neben den fiktiven Hackern entstand ein neuer Markt der Erfahrungsberichte, in denen die Jagd auf einen Computereinbrecher als spannende Geschichte inszeniert wurde".[128] So wurden zahlreiche Reportagen oder Dokumentationen gedreht, die dem Zuschauer das Thema näher bringen wollten. Hier geht es offiziell lediglich darum, den Zuschauer aufzuklären, vor Gefahren zu warnen und für Sicherheitsbereiche zu sensibilisieren. Damit auch jeder seine Systeme schützt und sich möglichst mit aktueller Virensoftware ausstattet, werden anhand einiger Beispiele Angriffsflächen aufgezeigt. In Boris Gröndahls „Hacker" lesen wir, „Hacker ist jemand, der versucht, einen Weg zu finden, wie man mit einer Kaffeemaschine Toast zubereiten kann"[129], also jemand, der Systeme, Programme oder Technik anders benutzt, als vorgesehen. In den Medien werden Hacker aber gerne kriminalisiert, und nicht die kreativen Vereine[130], die es immer noch gibt, sondern die „destruktiven Terroristen"[131] erscheinen in den Schlagzeilen. Beispiele für Sensationsjournalismus finden sich immer wieder, „da legen sie eine Website lahm, da stehlen sie Kreditkarten-Nummern, und dort verbreiten sie Viren, die E-Mail-Systeme auf der ganzen Welt"[132] befallen. Die Presse ist ein großes Machtinstrument, das nicht ganz unbegründet, auch politische Maschinerien in Gang setzen kann. Hillary Clinton, US Außenministerin und ehemalige Präsidentengattin, sprach 2010 über die Angst vor Computerkriminalität und Angriffen auf ihr Land.[133] „Unsere Fähigkeit, digitale Bankgeschäfte und Onlinehandel zu betreiben, geistiges

---

[127] Geistiger Vater des Star Trek Universums
[128] Koubek, Zur Kulturgeschichte des Hackers, in LOG IN Bd.26, Heft 140, LOG IN Verlag, 2006
[129] Boris Gröndahl, Hacker, Rotbuchverlag, Hamburg, 2000, S.13
[130] Beispiele für Vereine, die das sportliche Hacken betreiben sind http://hackerspace-bamberg.de/Verein, http://www.hackerspace-bremen.de/index.php?s=about oder http://pwn2own.zerodayinitiative.com/ (Stand: 02.05.2012).
[131] Boris Gröndahl, Hacker, Rotbuchverlag, Hamburg, 2000, S.6
[132] Ebd.
[133] Thomas Fischermann/ Götz Hamann, Zeitbombe Internet, Gütersloher Verlagshaus, Gütersloh, 2011, S.191

Eigentum im Wert von Abermilliarden Dollar zu schützen, das alles steht auf dem Spiel"[134]. Auch in Deutschland hat sich die Bundesregierung diesem Thema angenommen und ein Nationales Cyber-Abwehrzentrum gegründet. Der gegenwärtig amtierende Bundesinnenminister Dr. jur. Hans-Peter Friedrich hat festgestellt, dass „Kritische Infrastrukturen wie etwa die Strom- und Wasserversorgung [...] heutzutage ohne hochmoderne IT-Systeme nicht mehr" auskommen.[135] Anstatt nur in Filmen, wird nun auch regelmäßig in Nachrichtensendungen auf Gefahren durch Hacker hingewiesen. Die Sensibilisierung der Bevölkerung ist ein Schritt, dem Cyber-kriminalismus entgegen zu treten. Wenn sich die Leute besser schützen, können Angreifer nicht mehr ohne größeren Aufwand in Systeme eindringen. Diese Form der Aufklärung dient also primär der Hilfe zur Selbsthilfe. Thomas J. Campana, Mitarbeiter bei Microsoft behauptet:

> *Wenn Sie sich vorbildlich im Internet verhalten, wenn Sie ihr Betriebssystem und ihre Programme laufend aktualisieren, einen Virenscanner laufen lassen, nicht als ‚Administrator', sondern als normaler Benutzer in den Computer einloggen und sich von verdächtigen Ecken des Internet fernhalten – dann sind Sie heute ziemlich sicher im Netz.*[136]

Auch wenn das eine nicht ganz korrekte Behauptung ist, helfen solche Vorkehrungen allerdings, das Angreifen zu erschweren. In der Galileo Sendung „Computerhacker" vom 18.01.2010[137] wird der Schüler Peter Kleissner vorgestellt. Er sagt von sich:

> *Ich als Programmierer beschäftige mich eigentlich damit, dass ich die Sicherheitslücken ausbessere. Und der Hacker versucht sie eigentlich nur zu finden, und wenn's ein böser Hacker ist auszunutzen.*

Aber, um Lücken zu schließen, muss man sie zunächst finden. Also ist Kleissner auch ein Hacker. Interessant ist jedoch, dass er sich nicht nur inhaltlich, sondern auch vom Umfeld her von anderen Hackern differenzieren möchte:

> *Die ganzen Fiction Computer Hacker, die sitzen wahrscheinlich die ganzen Tag vorm Computer, haben wahrscheinlich nichts anderes vorm Auge, haben wahrscheinlich keine Freundin und gehen nicht fort, feiern nicht so viel und eigentlich würde ich mir das ziemlich langweilig vorstellen, ein typisches Hackerleben.*

Dabei lässt er aber keinen Zweifel daran, dass er tatsächlich von Hackern redet. Er differenziert nicht nach Motivation und Zielsetzung. Die ersten Hacker am MIT dachten nicht einmal im Ansatz an Missbrauch von Systemen. Ihre Werte waren noch ideell und vom Entdeckertum

---

[134] http://www.mmnews.de/index2.php?option=com_content&task=emailform&id=4958&itemid=93 (Stand: 02.05.2012).
[135] http://www.news.de/politik/855191065/deutschland-ruestet-gegen-hacker-auf/1/ (Stand: 24.05.2012).
[136] Thomas Fischermann/ Götz Hamann, Zeitbombe Internet, Gütersloher Verlagshaus, Gütersloh, 2011, S.65
[137] http://www.prosieben.de/tv/galileo/videos/clip/7896-computerhacker-1.1664922/ (Stand: 20.05.2012).

geprägt. Als später die Maschinen besser und schneller wurden, die Datenmengen größer und sensibler, als das Internet neue Möglichkeiten bot, gab es auch dringenden Bedarf die früher offenen Systeme durch Zugangseinschränkungen, Passwörter und Sicherheitssperren zu schützen. Und genau diese Mechanismen werden nun von eben diesen Hackern unterwandert, aber ohne das Ziel die Systeme zu schädigen. Das unterscheidet die noblen Hacker von illegalen Computerkriminellen. Der Kreislauf zieht sich aber immer weiter. Neue Sicherheitsmaßnahmen erzeugten auch immer neue Formen des Hackens.

Die Motivationen der Hacker können ganz verschieden sein. Einige haben lediglich das Ziel ins System zu gelangen. Der tatsächliche Inhalt ist eher nebensächlich und meist uninteressant. „Die Schwierigkeiten lagen in der Überwindung der Eingangskontrollen"[138]. Neben diesen Hackern, die wirklich noch im eigentlichen Sinne hacken, gibt es auch die Neugierigen, die einfach nur schauen, wie weit sie kommen. Sie durchstreifen fremde Systeme und gucken, was sie finden. Zugangscodes bekommen sie über alternative Wege oder durch Austausch mit Gleichgesinnten. Die ursprüngliche Hacker-Community verfolgte „weiter den Weg der eigenen Vervollkommnung und begegnete den sportlichen Einbrechern zurückhaltend bis ablehnend".[139] Die Medien interessieren sich umso mehr dafür. Potential wird aufgebauscht, um die gläubige Leserschaft nicht nur vor der Gefahr und Risiken zu warnen, sondern auch die eigene Auflage zu steigern.

„Das Gespenst des allmächtigen Hackers ging um, der mit Leichtigkeit in beliebige Computer eindringen konnte und die gespeicherten Daten willkürlich zu manipulieren verstand".[140] Dabei ist es gar nicht so leicht, auf Kommando zu hacken. Das Ausnutzen von Lücken im System erfordert meist langwieriges Suchen und Testen. Abgesehen von einigen Tricks, die jeder gute Administrator kennt, ist es eine Fiktion, dass sich ein Programmierer wie im Film „Passwort Swordfish", durch den Druck einer Waffe an der Schläfe, innerhalb von 60 Sekunden in das Netz des DOD[141] einhackt. Aber damit wird ein Mythos vom heroischen Cyberkrieger und Robin Hood des Datennetzes aufrecht erhalten. Auch wenn Hacker in Filmen und Reportagen überspitzt und überbefähigt dargestellt werden, ist die Gefahr nicht minder präsent. „Je mehr wir unsere Welt vernetzen, desto eher können Hacker unseren Alltag übernehmen. Nicht alle sind spätpubertierende Spielkinder geblieben".[142]

---

[138] Jochen Koubek, Zur Kulturgeschichte des Hackers, in LOG IN Bd.26, Heft 140, LOG IN Verlag, 2006
[139] Ebd.
[140] Jochen Koubek, Zur Kulturgeschichte des Hackers, in LOG IN Bd.26, Heft 140, LOG IN Verlag, 2006
[141] Department of Defence, US-Verteidigungsministerium
[142] Thomas Fischermann/ Götz Hamann, Zeitbombe Internet, Gütersloher Verlagshaus, Gütersloh, 2011, S.100

4. Wer ist eigentlich kein Hacker?

Nachdem ich nun beschrieben habe, welche Arten von Hackern es gibt und wie sie in der Öffentlichkeit wahrgenommen werden, komme ich zu der Frage, wo sich „Nichthacker" abgrenzen. Es gibt immer wieder Personen, die als Hacker bezeichnet werden, es aber nicht sind.

Um offene Netze zu finden oder Datenverkehr zu „sniffen", ist eine Vielzahl von Hackertools entstanden. Oft wurden sie von Hackern selbst programmiert. Jemand, der solche Tools nutzt, ohne sie zu verstehen, kann nicht wirklich als Hacker bezeichnet werden. Genau das wird aber immer wieder getan.[143] Es ist einfach, jeden, der Daten manipuliert oder spioniert, gleich dem Oberbegriff zuzuordnen. Im zweiten Schritt muss aber die Technik des Hackens betrachtet werden. Das Benutzen von Hackertools soll grundsätzlich kein Indiz für einen Hacker bzw. dagegen sein. Wichtig ist, ob derjenige auch weiß, was er anwendet, mit allen Folgen und Auswirkungen. Der Grad an Verständnis in Verbindung mit Einfallsreichtum bei der Problemlösung ist also entscheidend für einen Hacker. Hacken ist grundsätzlich erlernbar. Es gibt sogar Tutorials, die einen das Hacken lehren sollen. Gibt man bei Google ein: „Wie werde ich Hacker?", bekommt man unzählige Einträge, die das ein oder andere Hintertürchen verraten und sogar Gruppen und Kontakte vermitteln. Ob das jemanden tatsächlich zum Hacker im eigentlichen Sinn macht, muss im Ergebnis geprüft werden. Letztendlich liegt es an der Persönlichkeit, ob man ein guter Hacker wird. Die erlernbaren Techniken sind nur das Handwerkszeug.

Aber nicht jeder ist zum Hacker geboren. Manch einer möchte sich zu dieser Elite zählen, ohne über das nötige Knowhow und die ethischen Grundzüge zu verfügen. Sogenannte Skriptkiddies infiltrieren, ebenso wie Hacker, andere Systeme. Sie schreiben schadhaften Code und nutzen bekannte Backdoors aus, um Anlagen zu stören. Doch nur weil man in ein System eindringen kann, ist man kein Hacker. Gerade in der Szene besteht ein Ehrencodex. Anerkennung muss man sich verdienen. Im Jargon File ist unter Skriptkiddie zu lesen:

> *Used of people with limited technical expertise using easy-to-operate, pre-configured, and/or automated tools to conduct disruptive activities against networked systems. Since most of these tools are fairly well-known by the security community, the adverse impact of such actions is usually minimal. [...] People who cannot program, but who create tacky HTML pages by copying JavaScript routines from other tacky HTML pages.[144]*

---

[143] Vgl. Reportagen und Magazine, wie z.B. Gallileo auf Pro 7. In der Einleitung benutzte „Hacker Kid" auch nur herunter geladene Tools.
[144] http://www.catb.org/~esr/jargon/html/S/script-kiddies.html (Stand: 02.05.2012).

Damit wird das begrenzte Wissen von Skriptkiddies, sogenanntes „gefährliches Halbwissen", als mäßige Gefahr betrachtet. Wenn ein Pseudohacker nicht weiß, was er da tut, kann er ungewollten Schaden anrichten. Auch wirkliche Hacker werden von anderen Szenemitgliedern manchmal als Skriptkiddies denunziert, weil ihnen deren Fertigkeiten nicht angemessen erscheinen. Wie ich aber schon festgestellt habe, kann man das Hacken nicht nur an der Höhe der fachlichen Eignung festmachen, solange Einfallsreichtum und Leidenschaft zur Problemlösung ausreichen.

Neben den „Möchtegernhackern" gibt es auch tatsächliche Hacker, die ihr Wissen bewusst dazu einsetzen, anderen zu schaden. Sogenannte Crasher handeln keineswegs im Sinne der Hackerethik. Ihnen geht es darum, Systeme zu lähmen, Daten zu vernichten oder Benutzer auszuschließen. Im Buch „Auf digitalen Pfaden" wird ein Crasher zitiert:

Erst einmal muss man hingehen und versuchen, einen Einstieg in das andere System zu finden. Danach schaut man sich ein bißchen im Rechner um und hält Ausschau nach sensiblen Dateien und die killt man dann. Manchmal lasse ich zudem noch einen Virus zurück, der sich phasenweise verändert und aktiv wird. Wenn der mit seiner Arbeit fertig ist, sind wirklich jede Menge Daten hinüber.[145]

Etwas harmloser, aber dennoch nicht weniger unethisch, sind diejenigen, die in einem System wildern, aber die Daten unberührt lassen. Ihnen geht es um reine Machtdemonstration, wenn sie Benutzerkonten verändern und sogar Administratoren aus ihrem eigenen System aussperren. Kevin Mitnick definierte die Bandbreite der Hacker wie folgt:

Einige Hacker zerstören die Daten anderer Leute oder Festplatten, sie werden Cracker oder Vandalen genannt. Manchen Hacker kümmern sich nicht darum, die technologischen Grundlagen zu erlernen, sondern laden sich einfach Hacker-Programme herunter, mit denen sie in Computersysteme einbrechen – diese werden Script Kiddies genannt. Erfahrene Hacker mit Programmierkenntnissen entwickeln Hacker-Programme und stellen sie ins Web oder in Newsgroups. Und dann gibt es die Personen, die keine technologischen Interessen haben, sondern den Computer als Hilfsmittel nutzen, um Geld, Waren oder Dienste zu ergaunern.

Auf Letztgenannte möchte ich nun direkt eingehen. Gerade im Bereich „Raubkopieren" oder wie es Jan Krömer und Evrim Sen in „No Copy" auch betonen, „Schwarzkopieren", haben sich die Beteiligten gut organisiert. Dabei haben die eigentlichen Cracker, diejenigen, die es schaffen, den Kopierschutz zu umgehen, gar kein Interesse am Vervielfältigen. Ihnen geht es um die Anerkennung, eine neue Software zuerst gecrackt zu veröffentlichen, und damit die Programmierer von Kopierschutzmechanismen zu schlagen. Die Release-Szene, später FXP- und

---

[145] Roland Eckert et al., Auf digitalen Pfaden, Westdt. Verl., 1991, Opladen, S. 185

Filesharing-Szene, sorgt für den Austausch und das Ranking, mit dem sich die jeweiligen Gruppen präsentieren. Je mehr Veröffentlichungen, desto mehr Respekt erhält eine Gruppe. Zum Leidwesen der Beteiligten werden die illegalen Kopien aber auch außerhalb der Szene angeboten, bis hin zum Massenvertrieb. Vor allem Filme und Musikstücke wurden auf CD-Rohling oder Festplatte abgelegt und mit Freunden getauscht. Speicherplatz ist heutzutage kein begrenztes Gut mehr. Aber Kopierer haben nun wirklich nichts mehr mit Hacken zu tun. Jan Krömer und Evrim Sen stellen in ihrem Buch „Hackerkultur und Raubkopierer – Eine wissenschaftliche Reise durch zwei Subkulturen" folgende Thesen auf:

Die heutige Informationsgesellschaft ist von der Hackerkultur geprägt.

Raubkopien sind das Produkt einer von der Hackerkultur geprägten Gesellschaft.

Raubkopierer handeln destruktiv.

Raubkopierer betrachten Raubkopieren nicht als kriminelles Vergehen.[146]

Unabhängig von der Wertung der Autoren, kann ich diese vier Aussagen anhand der bisherigen Erkenntnisse bestätigen. Raubkopien sind nun einmal durch die kommerzielle Verbreitung von Software entstanden. Das Knacken eines Kopierschutzes war für das Anwachsen der Szene sogar noch förderlich. Raubkopierer handeln bewusst und vorsätzlich destruktiv. Softwarehersteller entwerfen Algorithmen und Mechanismen, die durch Cracker zerstört werden. Anschließend wird ein Produkt ohne diesen Schutz kopiert.[147] Außerdem nimmt jeder Cracker in Kauf, dass durch das illegale Kopieren eines Produktes der Umsatz der Entwickler sinken könnte. Ob dem tatsächlich so ist, möchte ich an dieser Stelle gar nicht beantworten. Denn tatsächlich trägt die Szene auch dazu bei, dass Produkte bekannter werden. Es gibt immerhin einen beachtlichen Teil an Kunden, die Produkte gekauft haben, nachdem sie diese zunächst kostenlos erhalten haben. Dabei darf aber nicht vergessen werden, dass sehr oft schlechte Qualität, vor allem bei Filmen, verbreitet wird, was im Schluss auch negative Kritik nach sich ziehen kann, wenn der Endnutzer im Glauben bleibt, die originale Version wäre ebenfalls minderwertig.[148] Trotz alledem behandeln die Autoren in ihren Thesen hauptsächlich Raubkopierer, und diese Subkultur kann nicht den Hackern zugeordnet werden. Innerhalb der Szene herrscht ein strenger Codex und ironischerweise bezeichnen sich „Diebe" gegenseitig als Diebe, wenn ein Publisher die Warez einer anderen Gruppe bei sich anbietet.[149] Dieses Verhalten wird absolut nicht toleriert und die Betroffenen betonen auch immer, dass es ihnen nur um die Veröffentlichung der gecrackten Version geht und nicht um den Massenvertrieb. Aus diesem Grund haben sogar einige Gruppen

---

[146] Jan Krömer/ Evrim Sen, Hackerkultur und Raubkopierer, Social Media Verlag, 2008, Norderstedt
[147] Jan Krömer/ Evrim Sen, No Copy, Tropen Verlag, 2006, S.122
[148] Ebd. S.109
[149] Ebd. S.75

angefangen, die gecrackten Versionen mit einem eigenen Kopierschutz zu versehen. Dieser wurde dann von anderen Gruppen erneut gehackt.[150] Einige Release Gruppen gingen letztendlich durch die Massenverbreitung von Kopien durch Publisher unter. Aus Resignation und durch die verstärkte Aufmerksamkeit der Behörden stellten daraufhin einige ihre Tätigkeiten ein:

Unsere Releases waren von uns immer nur fuer die Scene selbst gedacht und niemand von uns hat je finanzielle Interessen mit den Releases verfolgt. Die von uns nicht gewollte Weiterverbreitung von Releases in P2P-Systeme, in Usenet-Newsgroups, via FXP-Boards und unserer Cracks auf WWW-Seiten wie Gamecopyworld haben wir stets abgelehnt, denn genau diese Weiterverbreitung an praktisch jedermann hat auch der Spielindustrie den Schaden zugefuegt, der letztendlich zu Aktionen von Strafverfolgern fuehren musste.[151]

Grundsätzlich unterlag das Cracken und Publishen strengen Regeln. Von der Szene durfte nur profitieren, wer sich auch einbrachte. Es war ein Geben und Nehmen. Die Betreiber sind mittlerweile vorsichtiger geworden und es ist sehr schwer, einer bestehenden Szene beizutreten. Diese Regeln waren aus Selbstschutz notwendig, da es immer wieder sogenannte „Buster" gab, die Hackerkreise infiltrierten. Aber man musste sich organisieren. Cracker knacken die Codes, Publisher veröffentlichen die Warez, Supplier unterstützen die Szene. Um Traffic und Speicherplatz für die zahlreichen Kopien zu nutzen, wurden auch legale FTP Server gehackt, zum Beispiel an Universitäten[152]. Aber trotz Szenezugehörigkeit kann man, außer den einfallsreichen Crackern und Systemhackern, niemanden der Beteiligten als Hacker bezeichnen. Auch wenn es oft heißt, Cracker wären keine Hacker, kann man ihnen die fachlichen Eigenschaften der Hacker dennoch nicht absprechen, denn „Zugang zu Software oder Computerspielen kann sich verschaffen, wer sich zuvor das Wissen verschafft hat, wie man den Kopierschutz umgeht".[153]

Es gibt aber auch die andere Sichtweise, die in den Medien verbreitet ist und die genauso falsch ist. Nicht jeder, der ein System knacken kann, ist ein Hacker. Ein Cracker namens Acid Rain erzählte in der Gallileo Sendung vom 6.11.2011: „Es gibt Leute, die viel Schlimmeres machen und hätte ich nicht die Kreditkarte benutzt, hätte es ein anderer gemacht." Die Kommentatorin bestätigt dann auch: „So sieht man es in Hackerkreisen".[154] Aber genau so sieht man das eben nicht bei Hackern, die einer Ethik folgen. Deswegen kann jemand noch so gut hacken, er gehört nicht zur Szene, wenn er nicht über ethische und soziale Kompetenzen verfügt.

[150] Jan Krömer/ Evrim Sen, No Copy, Tropen Verlag, 2006, S.96
[151] Aus dem NFO der Gruppe Souldrinker, in: Krömer/ Sen, No Copy, Tropen Verlag, 2006, S.94
[152] Jan Krömer/ Evrim Sen, No Copy, Tropen Verlag, 2006, S.71 und S.95
[153] Boris Gröndahl, Hacker, Rotbuch Verlag, Hamburg, 2000, S.14
[154] http://www.prosieben.de/tv/galileo/videos/clip/224094-hacker-kid-1.2924158/ (Stand: 20.05.2012)

5. Was dann noch bleibt

Am Anfang dieser Arbeit habe ich die Definitionen von Hackern anhand ausgewählter Quellen beschrieben. Anschließend konnte ich die Vielschichtigkeit der Subkulturen und ihre Entwicklungen im Wandel der Zeit zeigen. Bei der diagonalen Betrachtungsweise ging es um die Sichtweise der Öffentlichkeit und der Medien auf die Hacker, mit dem Hinweis, dass es sich nicht bei allen Genannten um wirkliche Hacker handelt. Nachdem also die konjunktive Menge aller möglichen Hacker gezeigt wurden, und im letzten Kapitel die Differenzmenge davon gebildet wurde, bleibt die Frage, wer denn nun tatsächlich als reiner Hacker angesehen werden sollte.

Eines hat sich bisher ganz stark heraus kristallisiert und zwar der Herrschercharakter. Hacker versuchen immer, etwas zu beherrschen und sind Herr über Computer, über die Leitungen oder über Administratoren. Hardwarehacker beherrschen die Maschine, Phreaker das Telefonnetz, Softwarecracker die Programme, indem sie diese frei von Barrieren machen. Social Engineers wollen den Menschen beherrschen und Political Hacker das System. Wer die Systeme beherrscht, kann sie auf der anderen Seite aber auch gestalten. Und Hacken ist „schöpferisch kritischer Umgang mit Technologie" aber auch eine „gewisse Form von respektlosem Umgang mit Technik", um zu zeigen, „dass der Mensch die Maschine zu beherrschen hat und nicht umgekehrt".[155] Ihre Motivation mag unterschiedlich sein, aber ihre Herangehensweise an Probleme ist akribisch und einfallsreich. Laut Kevin Mitnick haben Hacker:

> *[...] das Wissen der Experten, kombiniert mit dem verderblichen Verlangen der Hacker, zur intellektuellen Herausforderung in Systeme und Netzwerke einzubrechen, um aus Spaß an der Freud herauszufinden, wie die Technologie funktioniert. Aber ihre elektronischen Aufbruch- und Einbruch-Kunststücke sind einfach nur das – Kunststücke. Diese Kerle, diese gutartigen Hacker, dringen aus reinem Spaß an der Sache in diese Sites ein und freuen sich, dass sie sich beweisen können. Sie entwenden nichts, machen ihre Beute nicht zu Geld, sie zerstören keine Dateien, unterbrechen keine Netzwerke und lassen keine PCs abstürzen.[156]*

Aber was wollen diese Hacker dann? Auch dafür hat Mitnick eine Antwort und erwähnt, dass sie allein durch ihre Anwesenheit in den Systemen die Administratoren an der Nase herum führen. Es ist der Drang und die Befriedigung, schlauer zu sein, als die Bewacher.[157] Hinzu kommen der sportliche Ehrgeiz und eine Art Elitisierung. Den TMRC gibt es heute noch, ebenso wie andere

---

[155] Roland Eckert et al., Auf digitalen Pfaden, Westdt. Verl., 1991, Opladen, S. 171.
[156] Kevin Mitnick, Die Kunst der Täuschung, Kap. 3, Die Geschichte von Janie Acton, mitp Verlag, 2006, S.106
[157] Edb.

Vereine und Gruppen, die das wettkampfmäßige Hacken betreiben, sogenannte Logpicker.[158] Ohne sie würden manche Entwicklungen nicht vorangetrieben werden. Hacker sind Bastler, Tüftler, Erfinder, und „am Rand der Lebenswege der heute über 30-jährigen Hacker liegt fast immer ein selbst gebauter Verstärker herum".[159] Neben Akribie, Forscherdrang und Herrschercharakter ist aber auch ethisch korrektes Verhalten unerlässlich, wenn man zur Hackerelite gehören möchte, weswegen die gerne als Hacker bezeichneten Computerkriminellen grundsätzlich davon auszuschließen sind.

Meine Ethik ist die, daß ich keinen Schaden im jeweiligen System anrichte, also keine fremden Daten lösche oder ähnlichen Unfug wie Passwörter anderer Benutzer ändern, andere Leute aus dem System rauswerfe oder ähnliches. Und vor allen Dingen für keine politische Gruppe arbeite, obwohl ich den Gedanken, durch Hacken Schweinereien irgendeiner Art [...] aufzudecken, attraktiv finde.[160]

So wie dieser hier zitierte junge Hacker, der sich Ulf nennt, ist es ethischer Grundsatz vieler Anderer, keine Schäden anzurichten. Wir nennen diese Art der Hacker sogenannte White Hats[161]. Sie stehen für saubere Hacks, ohne Sabotageabsicht. Auf der Defcon, einer Hackerkonferenz in Las Vegas, tauschen sie sich regelmäßig aus. Hier gibt es auch die Black Hat, die hinter verschlossenen Türen stattfindet und brisantere Themen behandelt. Viele Sicherheitsfirmen schleusen ihre Experten bei der Defcon ein, damit sie von den Tricks der Hacker lernen. Dass viele Hacker später Karriere als Spezialisten für Computersicherheit machen, habe ich schon mehrfach erwähnt. Auch der Gründer der genannten Hackerkonferenzen, Jeff Moss, arbeitet mittlerweile für Homeland Security.[162] Die Hackerszene genießt bei Sicherheitsexperten einen gewissen Ruf. Immerhin profitieren sie durch deren Wissen, Sicherheitslücken aufzudecken.

Dadurch dass ich keinen Schaden anrichte - und ich achte immer sehr darauf, keinen Schaden anzurichten - helfe ich der Computerwelt, denn ich sage ja offen, was die Leute für Fehler machen.[163]

In verschiedenen Quellen werden dennoch häufig alle Subkulturen als Hacker bezeichnet, und ich möchte bestreiten, dass diese Bezeichnung auch auf alle Mitglieder dieser Gruppen zutrifft. Nicht jeder, der Systeme hackt, geht dabei kreativ vor, hält sich an einen Codex oder ethische Grundsätze. Nicht jeder der Lücken in Telefonnetzen ausnutzt, tut dies mit Hingabe und

---

[158] Der Verein „Sportfreunde der Sperrtechnik" wurde von CCC Mitgründer Steffen Wernéry ins Leben gerufen, und trainiert das gewaltlose und zerstörungsfreie Öffnen von Schlössern.
[159] Boris Gröndahl, Hacker, Rotbuch Verlag, Hamburg, 2000, S.12
[160] Roland Eckert et al., Auf digitalen Pfaden, Westdt. Verl., 1991, Opladen, S. 179
[161] Als Pendant dazu gibt es auch Black Hat, die eher kriminelle Ziele verfolgen. Die Grey Hat bewegen sich im rechtlich schwammigen Raum. Man kann z.B. auch Aktionen des CCC zum Grey Hat zählen. Beispielsweise verfolgen sie zwar noble Ziele, tun das aber mit fragwürdigen Mitteln (z.B. BTX-Hack)
[162] Thomas Fischermann/ Götz Hamann, Zeitbombe Internet, Gütersloher Verlagshaus, Gütersloh, 2011, S.81
[163] Roland Eckert et al., Auf digitalen Pfaden, Westdt. Verl., 1991, Opladen, S. 179

Forschergedanken. Es ist ja eigentlich so, dass bestimmte Hacks nur einmal gemacht werden, dann sind sie bekannt und werden weiter entwickelt oder weiter verbreitet. Nur macht einen das Nachahmen eines Hacks nicht gleich zum Hacker, da man ja selbst nichts mehr dazu beiträgt.

Vor dem Hintergrund dieser Feststellung sollte man sich fragen, warum in den Medien jeder Cyberkriminelle und jeder Scriptkiddie als Hacker betitelt wird. In einem Diskurs habe ich versucht, diese verzerrte Begriffsverwendung nach dem TMINK Schema zu beleuchten.[164]

Hacken kann man nicht nur Computer. Also ist zur **Technik** alles zu zählen, was man verändern und beeinflussen kann, Subjekt und Objekte. Oft wird das Hackermedien auf Computer, und das Hackerobjekt auf Schranken und Barrieren beschränkt. Indem aber nur einseitig berichtet wird, dass Hacker Sicherheitsmechanismen knacken und Cracker Spiele cracken, werden die Leistungen der Hacker in den Anfängen des Computerzeitalters und das heute noch sportliche Hacken in Vereinen abgewertet. Im Vordergrund steht der Kampf zwischen den unbekannten Angreifern und den System- und Softwareprogrammierern, die versuchen Systeme zu schützen. Dabei sorgen sie indirekt dafür, dass es immer Hacker geben wird, die versuchen, ihre Codes zu knacken.[165] Allein die Vielfalt an Verschlüsselungstechniken weckt ständig neue Herausforderungen für Hacker. Sicherheitsexperte Donn B. Parker sieht den Kampf zwischen Sicherheitsmechanismen und dem Durchbrechen Selbiger als endlos:

Der Aufstand des Einzelnen wird dadurch nicht beendet sein. Er wird sich nur auf eine höhere technische Ebene verlagern. Was immer der Mensch schützen kann, kann ein anderer durchbrechen.[166]

Die Frage, wer **Macht** ausübt, bringt uns zunächst zur Klärung der Akteure. Da gibt es die Hacker selbst, und zwar diejenigen, die diesem Begriff gerecht werden, das heißt, Fachwissen, Leidenschaft, soziales Umfeld und ethische Grundsätze haben. Andere Akteure sind auch diejenigen Hacker, die sich nur so bezeichnen, aber mindestens eines der eben genannten Kriterien, meist das ethische Verständnis, nicht erfüllen. Auch jemand wie Bill Gates, der früher selbst zu den Hackern gehörte, kann heute nicht mehr so genannt werden. Ihm fehlt die „soziale Komponente des Hackerdaseins", da er nie bemüht war, sich mit der Szene zu arrangieren.[167] Skriptkiddies und Crasher gehören auch nicht zur Hackerelite, aber gerade sie sind es, die sich häufig in der Öffentlichkeit profilieren und damit für den schlechten Ruf der Hacker sorgen.

---

[164] Hacker in den Medien - Ein Diskurs, eigene Seminararbeit im Rahmen der Vorlesung Informatik und Informationsgesellschaft II, Humboldt Universität, Berlin, Sommersemester 2012
[165] Jan Krömer/ Evrim Sen, No Copy, Tropen Verlag, 2006
[166] Donn B. Parker in: Werner Heine, Die Hacker, Rowohlt TB Verlag, 1989,S.52
[167] Boris Gröndahl, Hacker, Europäische Verlagsanstalt/Rotbusch, 2001, S.63

Auf der anderen Seite stehen Publizisten, die den Ruf vom Hacker, dem bösen Cyberkriminellen, verbreiten und dabei nicht immer objektiv und fachkundig vorgehen. Auch wissentliche Arbeiten und literarische Publikationen ohne genaue Recherche verzerren ein Bild, wenn sich andere auf diese Quellen stützen. Der Historiker Christian Hardinghaus bewertete Cracker in einer Seminararbeit generell als egoistisch und kriminell und behauptet, Hacker würden sich selbst als Fachidioten und Streber bezeichnen, um sich abzugrenzen.[168] Film- und Fernsehwissenschaftlerin Anna Zafiris bezeichnet es sogar als „klassischen Fall" der Hacker in Computersysteme einzudringen. Dass Hacker sozialen Charakter haben, hat Zafiris auch nicht erkannt und schreibt, „die Schwachstellen der Hacker liegen eindeutig bei zwischenmenschlichen Beziehungen".[169]

Autoren haben grundsätzlich eine *Definitionsmacht*. Sie legen fest, was andere später als Quellen nutzen. Und wenn ein Autor wie Steven Levy ethische Grundsätze formuliert, die auch nach fast 30 Jahren noch für Studienarbeiten oder Reportagen herangezogen werden, dann zeigt sich, wie stark diese Macht ist. Zeitung und TV gelten als *Durchsetzungsmacht* und setzen mit ihrer Informationsverbreitung durch, dass sich in der Gesellschaft eine Meinung bildet, die von vielen ungeprüft akzeptiert wird. Bei genügend Quellen wird häufig nicht einmal die Authentizität der Information geprüft. Von freien Publizisten geht eine *Verhinderungsmacht* aus. Oftmals kommen sie aus der aktiven Hackerszene und wollen nicht mit unethischen oder unwissenden Hackern auf eine Ebene gestellt werden. Sie stellen deshalb ihre persönliche Sichtweise dar.

Als **Ideologie** kann man die internen Abgrenzungen von Hackern und Crackern ansehen. Im Hackers Dictionary, einem von Hackern geschriebenen Werk, dass in vielen Arbeiten gern zitiert wird, gibt es eine direkte Abgrenzung zwischen Hackern und Crackern.

> *Thus, there is far less overlap between hackerdom and crackerdom than the mundane reader misled by sensationalistic journalism might expect. [...] though crackers often like to describe themselves as hackers, most true hackers consider them a separate and lower form of life.*[170]

Man muss dabei erwähnen, dass das Dictionary von Hackern geschrieben wurde, die sich selbst elitisieren. Ein ethisch korrekter Hacker sieht sich wie ein Forscher, wohingegen er den Crasher nur als sinnlosen Zerstörer betrachtet. Die Hacker haben eine starke Ideologie und wollen, dass ihre Werte respektiert werden. Zu der Verzerrung des Hackerbegriffes in der Öffentlichkeit äußerte sich der Chaos Computer Club in einem Artikel der Datenschleuder:

---

[168] Christian Hardinghaus, Hacker Geschichte – Vom kostenlosen Telefonieren und organisierter Kriminalität, Studienarbeit, Grin Verlag, 2007, S.4
[169] Anna Zafiris, Hackerkultur, Überblick über die Hackerszene, Studienarbeit, Grin Verlag, 2010, München, S.10
[170] Eric S. Raymond (Ed.), The Jargon File Version 4.4.8, http:// http://catb.org/jargon, (Stand: 23.05.2012)

„In unserem Sinne ist der Begriff Hacker in erster Linie ein Ehrentitel, um andere Menschen auszuzeichnen. Der Begriff ist also positiv besetzt und dabei rekursiv definiert. Hacker ist ein Begriff, der von Angehörigen der Hackerkultur verwendet wird, um sich nach außen abzugrenzen oder um Einzelne für besondere Leistungen auszuzeichnen.“[171]

Hacker haben ihre eigenen **Normen** und auch ihre Abgrenzung zu anderen Gruppierungen im Jargon File festgemacht. Sie formulieren genau, was ein Hacker, ein Cracker und ein Skriptkiddie ist. Aber wer eine Elite bildet, kann seine Definitionsgrenzen sehr eng spannen. Steven Levys Werk „Hackers – Heroes oft the Computerrevolution“ gilt heute noch als Leitfaden und Norm für jeden guten Hacker. Gruppierungen, die auf die Einhaltung von Normen achten, kämpfen um die gesellschaftliche Anerkennung des Hackertums und betreiben Aufklärung. Die Gruppe Anonymous prangert eher direkt an und hofft auf Sympathie aus der Bevölkerung. Vereine, wie der Chaos Computer Club, informieren über Gefahren durch Technologie und verstehen sich als moderne Robin Hoods, die zwischen den Menschen und Autoritäten stehen. Auch die Politik hat dazu eine Norm geschaffen. §202 des deutschen Strafgesetzbuches ahndet das Ausspähen oder Abfangen von Daten. Allerdings geriet der sogenannte „Hackerparagraph“ §202c in Kritik, da er das Erstellen von Hackertools, auch zu ehrlichen Zwecken, pauschal unter Strafe stellt.[172]

Verschiedene Akteure nutzen verschiedene Mittel der **Kommunikation**. Die Hackerszene hat in der Vergangenheit zahlreiche Publikationen veröffentlicht. Meist sind es Zeitschriften innerhalb der Subkulturen, wie die „The Youth International Partyline“ (YIPL, später TAP) und das „2600-Magazin“ für die Phreaker, die „Datenschleuder“ des CCC für die politischen Aktivisten oder das Magazin „Hackin9“ für die Softwarehacker. Statt nur in Printform werden die Ausgaben meist als Download oder Newsletter veröffentlicht. Darin schreiben sie über die Szene, Erfahrungen, neue Entwicklungen und Ereignisse, die sie betreffen. Gerne nutzen sie diese Publikationen auch, um Tipps und Tricks zu verbreiten. So wurde in der Datenschleuder die Bauanleitung für das Datenklo, einen Akustikkoppler zur Datenfernübertragung, veröffentlicht und im „LOD Technical Journal“ der Legion of Doom die Anleitung zum Bau einer Blue Box. Dabei werden auch gerne die Behörden provoziert. Dem Vorwurf, sie würden mit ihrem Magazin Hacker anlernen, konterten die Verantwortlichen der „Technological American Party“ (TAP):

Oh, wir sind da immer streng auf der Seite des Gesetzes. Wir sind eine ganz kleine seriöse amerikanische Firma. Wir schreiben nur, was diese Kids nicht tun sollen und zwar ganz detailliert. Ihr sollt nicht einen

---

[171] ex10dead und packet, die universellen Maschinen verantworten, in die datenschleuder #95, 2011
[172] http://www.ccc.de/de/updates/2008/stellungnahme202c (Stand: 20.07.2012)

2,4 Kilo Ohm Widerstand parallel schalten mit einem 0,3 Mikrofarad Kondensator und es in dieser Form an die Telefonleitung anschließen.[173]

Weitere nennenswerte Zeitschriften waren „Die Bayrische Hackerpost" (1984 - 88) und „Hack-Tic" (1989 - 94). Zudem hat mittlerweile jede Hackervereinigung ihre eigene Webseite mit Diskussionsforen und zahlreichen Blogs. Die Autoren und Reporter, die über Hacker berichten, nutzen selbstverständlich ihre eigenen Kommunikationsmittel, das Fernsehen, die Zeitungen und Zeitschriften sowie das Internet. Auf Webseiten von spiegel.de, heise.de oder welt.de sind immer wieder Berichte über Hacker zu lesen. Produzenten von Securitysoftware nutzen, neben Erfahrungs- und Produktberichten, gerne diese öffentlichen Medien.

Der Kampf der Hacker um Anerkennung und Wahrung ihrer Hackerehre scheint endlos. Eine begriffliche Abgrenzung, unter die all jene fallen, die nicht dem fachlich begeisterten, ethisch korrekten und sozialen Hacker entsprechen, muss noch gefunden werden. Ob diese Richtigstellung gewünscht wird und sich deswegen durchsetzt, bleibt zu erwarten. Viel zu schnell lässt sich Medieneuphorie adaptieren und man benutzt selbst Phrasen, die irgendwo aufgeschnappt wurden, muss sich dann aber erklären, wenn man an eine Fachkraft gerät.

Hacker haben sich im Wandel der Zeit entwickelt, wie auch das Verständnis und die Akzeptanz der Gesellschaft sich verändert haben. Letztendlich hat jeder für den Hackerbegriff einen Assoziationsspielraum. Und für den einen ist ein Hacker kriminell, für den anderen ein Held. Für den einen ist ein Hacker ein Tüftler, für den anderen ein Freak. Das ergibt sich einfach aus dem Kontext, solange der Hackerbegriff in seiner Verwendung diesen Raum zulässt.

Häufig findet man die drei Eigenschaften Simplicity, Mastery und Illicitness für einen guten Hack. Dabei meint Simplicity (Einfachheit) einen einfachen Hack mit beeindruckendem Ergebnis, Mastery (Beherrschung) eine komplizierte Attacke, die nur der Hacker versteht und Illicitness (Unrechtmäßigkeit), eine Attacke entgegen jeder Regel. „Ein Hacker ist demnach jemand, der es als intellektuelle Herausforderung begreift, sich auf kreative Weise über Grenzen hinwegzusetzen."[174]. Diese Definition ist meiner Meinung nach nicht ausreichend und so fasse ich als Ergebnis dieser Arbeit folgende unerlässliche Eigenschaften eines Hackers zusammen.

Da ist zum einen die **fachliche Kompetenz**. Ein Hacker weiß, was er tut. In dem Bereich, wo er sich bewegt, hat er in der Regel mehr oder zumindest gleichviel Ahnung, wie jemand, der diesen Bereich schützt. Und er setzt dieses Wissen ganz deutlich dazu ein, Systeme, Maschinen oder Menschen entgegen der eigentlichen Bestimmung zu verändern, zu manipulieren.

[173] Cheshire Catalyst (Hrsg. TAP), „Zack, bin ich drin in dem System", Spiegel Interview mit Petermann et al., Spiegel 46/1983.
[174] Jochen Koubek, Zur Kulturgeschichte des Hackers, in LOG IN Bd.26, Heft 140, LOG IN Verlag, 2006

Die nächsten Eigenschaften sind **Leidenschaft** und Hingabe. Als Abgrenzung zum normalen Programmierer, und dazu können auch viele Security Hacker gezählt werden, gehört die Freude an der Problemlösung. Für viele Sicherheitsexperten ist Hacken nur ein Job, sie handeln im Auftrag. Ich möchte nicht abstreiten, dass es unter ihnen auch einige gibt, die das mit Leidenschaft tun. Aber die Regel ist es nicht.

Ein **soziales Umfeld** gehört zum Hacker dazu. Er sitzt nicht in seinem stillen Kämmerlein und hackt vor sich hin, auch wenn das möglicherweise das Bild in der Gesellschaft ist. Grund ist hier nicht zuletzt die Tatsache, dass die Hacker sich gemäß der Freien Software Kultur austauschen. Sie schildern Erfahrungen, bilden Communities und arbeiten häufig in Gruppen.

Der letzte und wichtigste Punkt sind die **ethischen Grundsätze**. Was ein Hacker tut, das macht er mit Verantwortung. Allzu gern wird für die Ethik Steven Levy herangezogen, auch wenn sein Werk erstmals 1985 veröffentlicht wurde, und Levy darin auf die Computerfreaks der 60er Jahre einging. Eine selbstverständliche IT-Landschaft wie wir sie heute kennen, war damals noch nicht in Sicht. Man muss dieser Ethik offiziell hinzufügen, dass man sich durch bewusst destruktives Handeln von den Hackern abgrenzt. Dagegen können aber die meisten Cracker heutzutage getrost zu den ethisch korrekten Hackern gezählt werden, da sie nicht wirklich destruktiv, sondern oftmals produktiv arbeiten. Auch wenn das nicht immer im Sinne der Softwareentwickler ist, schaffen sie mit Cheats, Erweiterungen, Fehlerminimierung oder Lauffähigkeit ja wichtige Programmverbesserungen.

Die Schnittmenge aus Hackern mit den vier von mir genannten Eigenschaften ist das, was wir tatsächlich unter einem Hacker verstehen sollten. Andere hacken vielleicht, und kommen der Beschreibung sehr nahe. Ihnen fehlt aber mindestens eines der Kriterien, weswegen sie keine wirklichen Hacker sind. Und diese Abgrenzung muss man respektieren.

Ein Hacker ist jemand, der mit Leidenschaft, unter ethischen Grundsätzen und mit sozialem Gedanken ein Objekt oder Subjekt manipuliert.

Literaturübersicht

Dreyfus, Suelette/ Assange, Julian: Underground: Die Geschichte der frühen Hacker-Elite
Haffmans & Tolkemitt, Berlin, 2011

Eckert, Roland/ Vogelsang, Waldemar/ Wetzstein, Thomas A./ Winter, Rainer: Auf digitalen Pfaden
Westdeutscher Verlag, Opladen, 1991

ex10dead/ packet: die universellen Maschinen verantworten, in: die datenschleuder #95, das
wissenschaftliche Fachblatt für Datenreisende, Hrsg. Chaos Computer Club, Berlin, 2011

Fischermann, Thomas/ Hamann, Götz: Zeitbombe Internet
Gütersloher Verlagshaus, Gütersloh, 2011

Gröndahl, Boris: Hacker
Europäische Verlagsanstalt/Rotbusch, 2001

Hardinghaus, Christian: Hacker Geschichte – Vom kostenlosen Telefonieren und organisierter
Kriminalität Studienarbeit, Grin Verlag, München, 2007

Heine, Werner: Die Hacker
Rowohlt TB Verlag, Reinbek, 1989

Koubeck Jochen: Zur Kulturgeschichte des Hackers, in LOG IN Bd.26, Heft 140
LOG IN Verlag, Berlin, 2006

Levy, Steven: Hackers, 25th anniversary edition
O'Reilly Media Inc., Sebastopol, CA, 2010

Malkin, Gary Scott: Internet Users' Glossary, RFC 1983
Network Working Group, o. O., 1996

Mitnick, Kevin/ Simon, William: Die Kunst der Täuschung
mitp Verlag, Bonn, 2006

Mitnick, Kevin/ Simon, William: Die Kunst des Einbruchs
mitp Verlag, Bonn, 2008

Moschitto Denis/ Sen Evrim: Hackertales - Geschichten von Freund und Feind
Tropen Verlag, Stuttgart, 2000

Moschitto Denis/ Sen Evrim: Hackerland - Das Logbuch der Szene
Tropen Verlag, Stuttgart, 2001

Sen Evrim/ Krömer Jan: Hackerkultur und Raubkopierer
Social Media Verlag, Köln, 2011

Sen Evrim/ Krömer Jan: No Copy: Die Welt der digitalen Raubkopie
Tropen Bei Klett-Cotta, Stuttgart, 2006

Wark, McKenzie: Hacker-Manifest
Beck Verlag, München, 2005

Zafiris, Anna: Hackerkultur, Überblick über die Hackerszene, Studienarbeit,
Grin Verlag, München, 2010

siehe auch:

www.8com.de
www.blauenarzisse.de
www.bundeswehr.de
www.catb.org
www.ccc.de
www.chip.de
www.computerhistory.org
www.esecurityplanet.com
www.faz.net
www.hackerspace-bremen.de
www.hackin9.org
www.handelsblatt.com
www.heise.de
www.heise-online.de
www.meedia.de
www.mmnews.de
www.news.de
www.nytimes.com
www.pcwelt.de
www.playm.de
www.prosieben.de
www.rixstep.com
www.spiegel.de
www.systemische-professionalitaet.de
www.tagesschau.de
www.uni-oldenburg.de
www.webwork-magazin.net
de.wikipedia.org
en.wikipedia.org
www.zehn.de
pwn2own.zerodayinitiative.com

www.ingramcontent.com/pod-product-compliance
Lightning Source LLC
La Vergne TN
LVHW042258060326
832902LV00009B/1119